단숨에 읽는 이야기철학 5

인간의 기원

단숨에 읽는 이야기철학 5
인간의 기원

초판 1쇄 인쇄 2017년 08월 26일
초판 1쇄 발행 2017년 08월 31일

지 은 이 관제
옮 긴 이 정주은
펴 낸 이 고정호
펴 낸 곳 베이직북스

주   소 서울시 마포구 양화로 156,1508호(동교동 LG팰리스)
전   화 02) 2678-0455
팩   스 02) 2678-0454
이 메 일 basicbooks1@hanmail.net
홈페이지 www.basicbooks.co.kr

출판등록 제 2007-000241호
I S B N 979-11-85160-60-3   43100

* 가격은 뒤표지에 있습니다.
* 잘못된 책이나 파본은 교환하여 드립니다.

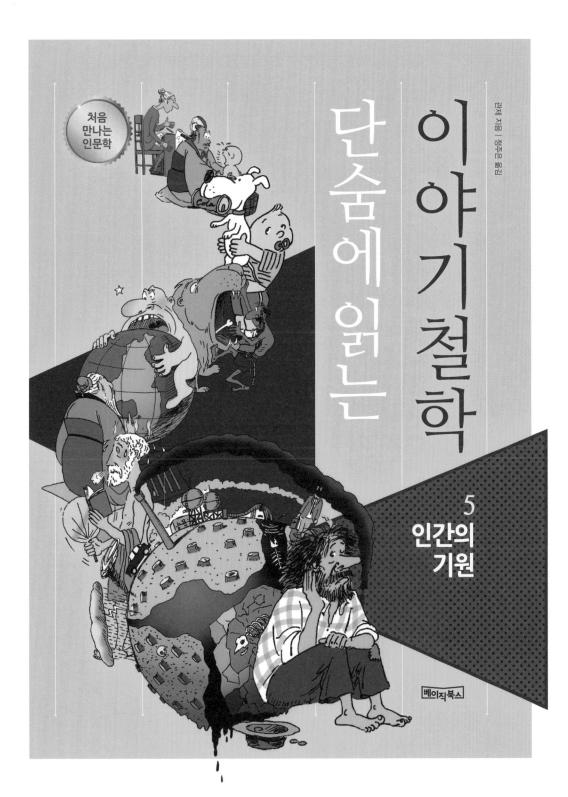

처음
만나는
인문학

글제 지음 | 영주은 옮김

단숨에 읽는

이야기 철학

5
인간의
기원

베이직북스

차례

철학자와 어린이

사랑하는 어린이 여러분, 공자와 플라톤을 알고 있나요? 학교에서 철학에 대해 배운 적이 있나요? 철학이 무엇인지 알아요? 철학책을 좋아해요?

많은 사람들, 특히 대부분의 어른들은 철학을 현실과 동떨어진 '쓸모없는' 학문이라고 생각해요. 그래서 종종 철학을 별 볼일 없는 것이라고 여기지요.

여러분은 철학에 대해 어떻게 생각하나요? 여러분도 철학이 어렵고 따분하다고 생각하나요? 철학자는 딴 세상 사람이라고 생각하나요?

사실 철학은 그렇게 어려운 것이 아니에요. 순수한 마음과 끊임없이 고민하고 질문하는 습관만 있으면 누구나 쉽게 다가갈 수 있는 학문이랍니다. 철학자도 그래요. 그들은 바로 우리 곁에 있어요. 왜냐하면 철학자는 대개 우리 삶과 밀접하게 관련된 문제를 고민하거든요.

하늘의 별들을 멍하니 올려다 본 적이 있지요? 거울 속의 또 다른 나를 물끄러미 들여다 본 적도 있을 테고요. 아마 지난밤에 꾼 꿈을 기억해내려고 애 쓴 적도 있을 거예요. 그럴 때마다 궁금한 것들이 떠오르지는 않았나요? 예를 들어 나는 어디에서 왔을까? 우주의 끝은 어디일까? 같은 것들 말이에요.

저도 어렸을 때 부모님께 이런 질문을 했던 것 같아요. 여러분도 이런 문제의 정확한 답을 알고 싶지 않나요?

어른들은 꼬리에 꼬리를 무는 아이들의 질문에 식은땀을 흘리지요. 어른들도 모르는 문제가 많으니까요. 아이들이 궁금해 하는 것들은 대부분 아주 '본질적'인 문제들이라 대답하기가 곤란해요. 가끔은 지난 수천 년 동안 인류를 괴롭혀 온 '철학적 문제'를 묻는 경우도 있으니까 어른들이 쩔쩔매는 것도 당연해요.

쉴 새 없이 질문폭탄을 던지는 아이들을 보고 있노라면 마치 철학자를 보는 것 같아요.

그런데 여러분, 이거 알아요? 모든 어린이들의 마음속에는 철학의 씨앗이 자라고 있어요. 동서고금을 막론하고 우리가 알고 있는 유명한 철학자들은 어릴 때 품었던 철학적 문제를 평생 동안 고민했답니다. 우리가 어렸을 때 물어보던 문제들을 평생 동안 연구하는 철학자들도 적지 않아요.

어른들 중에도 동심을 간직한 순수한 사람들이 있어요. 그런 사람들 중에는 어린 시절 궁금해 하던 문제의 답을 찾기 위해 철학자가 되는 사람도 있어요. 그들은 만족할 만한 답을 찾아낼 때까지 생각에 생각을 거듭해요. 천진난만하고 호기심이 많기 때문에 궁금한 것도 많아요.

이 점이 바로 어린이와 철학자의 공통점이에요.

천진난만하기 때문에 어린이들은 솔직하게 질문을 던지고 철학자들은 진리를 탐구하려는 충동을 느껴요. 둘 다 자기 자신을 못 속이죠. 그래서 보면 본대로, 생각나면 생각나는 대로 솔직하게 말하는 거예요. 아이들이 좋아하는 동화 속 세상과 철학자들이 홀딱 빠져 있는 본질의 세계는 어떻게 보면 같다고 할 수 있어요.

호기심이 많은 아이들의 눈에는 모든 사물이 신기하게만 보여요. 그래서 직접 만져보려고 하지요. 아이들의 눈동자가 그토록 맑고 투명한 이유를 알아요? 바로 호기심이 많기 때문이에요. 잠잘 때를 빼면 아이들은 항상 눈을 동그랗게 뜨고 있어요.

그렇다면 철학자는 보통 사람과 어떻게 다를까요? 철학자는 지혜의 눈을 갖고 있어요. 그래서 그들은 모두가 알고 있는 답에 만족하지 않고 자신만의 답을 찾으려고 하는 거예요.

궁금하기 때문에 아이들은 항상 "왜요?"라는 말을 입에 달고 살아요. "왜요?"는 부모님과 선생님들이 가장 무서워하는 말이에요. 왜냐하면 아이들은 가장 본질적인 것을 묻는데 대부분의 경우 어른들도 그 답을 모르거든요. 철학자가 아이처럼 줄기차게 "왜?"라고 묻는 이유도 세상의 본질을 알기 위해서랍니다.

어린이 여러분을 위해 마련한 이 철학서 시리즈는 철학자와 어린이 사이의 대화라고 볼 수 있어요.

철학자들은 많은 문제의 답을 알고 있어요. 그러므로 이 책을 읽으면 철학자들이 어떻게 철학적 사고를 길렀는지, 세상은 어떤 모습을 하고 있는지, 인생은 무엇인지, 철학자들의 삶의 이상은 무엇인지, 어떻게 사고해야 하는지 등을 알 수 있어요.

이 책을 읽고 무엇을 배울 수 있느냐고요? 이 책은 단순히 여러 가지 철학적 관점을 알려주기 위한 책이 아니에요. 이 책은 여러분에게 생각하는 방법을 알려준답니다. 그렇기 때문에 이 책은 여러분의 삶에 커다란 선물이 될 거예요. 끊임없이 생각해야만 진정으로 앎을 깨우치게 되고 자신만의 생각을 갖게 되어 성공의 열매를 거둘 수 있기 때문이에요.

서양의 한 철학자는 "나는 생각한다. 고로 존재한다."라는 말을 남겼어요. 생각은 이렇듯 중요하고 우리를 끌어당기는 묘한 매력이 있어요.

이 책을 읽다보면 자기도 모르게 생각을 하고 싶어질걸요.

철학은 '지혜를 사랑하다' 라는 말에서 유래했어요. 그 지혜의 본질이 무엇일까요? 바로 '생각' 이랍니다.

사랑하는 어린이 여러분,
그럼 이제부터 생각할 수 있는 사람이 되어볼까요?

스핑크스의 수수께끼

고대 이집트 테베 외곽에 스핑크스라는 날개 달린 괴물이 살았어요. 스핑크스는 거인 티폰과 에키드나의 딸로 아름다운 여자 얼굴에 사자의 몸을 가진 괴물이었어요. 스핑크스는 커다란 바위산 밑에 앉아 지나가는 사람에게 지혜의 여신이 알려준 수수께끼를 냈어요. 그리고 만약 자기가 낸 문제를 풀지 못하면 그 자리에서 잡아먹어버렸어요.

　세월이 많이 흘렀지만 어느 누구도 스핑크스가 낸 수수께끼를 풀지 못했어요. 심지어 테베왕의 아들조차도 문제를 풀지 못해 스핑크스에게 잡아먹혔어요. 아들을 잃은 테베왕은 슬픔에 잠겼어요. 그래서 그는 누구든지 스핑크스를 해치우는 사람이 있다면 왕위를 물려주겠다고 약속했어요. 때마침 여행 중이던 오이디푸스가 테베를 지나다가 이 말을 듣게 되었어요. 호기심이 생긴 그는 수수께끼를 풀기 위해 스핑크스를 찾아갔어요. 바위산에 올라 스핑크스를 만난 오이디푸스는 사람 얼굴에 사자의 몸을 가진 스핑크스를 보고도 전혀 놀라지 않았어요. 오이디푸스가 자신을 조금도 두려워하지 않자, 화가 난 스핑크스는 가장 어려운 문제를 냈어요.

"아침에는 네 다리로 낮에는 두 다리로, 밤에는 세 다리로 걷는 동물이 있다. 이것은 세상에서 유일하게 시간에 따라 다리가 달라지는 동물이다. 이 동물은 힘이 가장 약하고 속도가 느릴 때, 가장 많은 다리로 걷는다. 이것의 이름이 무엇이냐?"

오이디푸스는 수수께끼를 다 듣고 웃으면서 대답했어요.

"그것은 사람이다. 어린이는 생명이 눈을 뜨는 시기이므로 아침이라고 할 수 있다. 힘이 약하기 때문에 어린이는 두 발과 두 팔을 이용해서 기어 다닌다. 건장한 어른은 낮에 비유할 수 있다. 건강하고 힘이 넘치기 때문에 두 다리만으로 걸을 수 있다. 노인은 하루 중 저녁에 비유할 수 있다. 몸이 쇠약해진 노인은 지팡이를 짚고 걸을 수밖에 없으므로 마치 세 다리로 걷는 것과 같다."

오이디푸스의 지혜로운 답을 듣고 부끄러워 고개를 들 수 없었던 스핑크스는 바위산 아래로 몸을 날려 죽고 말았어요. 이렇게 오이디푸스는 테베의 왕이 되었답니다.

사람 얼굴에 사자의 몸을 가진 스핑크스

소포클레스의 오이디푸스왕

신비로운 고대 그리스 신화는 이야기를 통해 영원히 변하지 않는 진리를 알려줘요. 여기서 말하는 진리란 인간 자신에 대한 질문을 의미해요. 만약 사람의 머리가 정신을 의미한다면 사자 몸은 자연의 힘을 의미한다고 할 수 있어요. 그렇게 본다면 사람 얼굴에 사자의 몸을 한 스핑크스는 원래 자연의 일부였던 인간이 지혜를 갖게 되었다는 뜻이겠죠?

스핑크스의 수수께끼는 인간과 동물의 차이를 말해 줘요. 다시 말해 인간의 육체는 정신에게 지적욕구를 추구하라고 요구했어요. 동물적 본능과 지적 욕구가 부딪치면서 인간은 자신에 대해 탐구하기 시작해요. 이렇게 스핑크스의 수수께끼는 "너 자신을 알라."는 중요한 철학적 명제를 깨닫게 해주었어요.

델포이 신전 기둥에 새겨진 "너 자신을 알라."는 격언은 자연을 숭배하던 인간의 관심을 인간 자신에게로 옮겨놓았어요. 원시 사회에서는 사람과 동물의 구별이 없었어요. 당시 인간은 일정한 주거지 없이 떠돌아다녔고 자신에 대해 아무 것도 몰랐으니까요. 그러나 많은 경험을 쌓아나가면서 점점 자신에 대해

"너 자신을 알라."는 소크라테스의 명언을 새겨놓은 델포이 신전

많은 것을 알게 되었어요. 또한 인간은 자신과 동물, 식물의 차이를 알게 되면서 '자아' 의식을 갖게 되었지요. 자의식을 갖게 된 인간은 자기 자신에 대해 점점 더 많은 것을 깨달아갔어요.

바위산의 오이디푸스와 스핑크스

인간은 무엇일까요? 인간은 의식을 갖고 행동한 이래 줄곧 이 문제를 고민해 왔어요. 인간은 신이 창조한 것일까요 동물에서 진화한 것일까요? 기계적이고 본능적인 존재일까요 아니면 지적인 존재일까요? 천사일까요 짐승일까요? 미래에는 어떻게 변해 있을까요? 대부분의 철학자들이 이 문제에 지혜롭게 답하기 위해 수많은 밤을 뜬눈으로 지새웠어요.

동서양을 막론하고, 고대의 토테미즘부터 현대의 생명공학까지 모두 "인간은 무엇인가?"라는 철학적 문제를 고민했어요. 그리고 인간은 어디에서 왔는가? 인간은 어떻게 존재하는가? 인간은 어떻게 인간이 되었는가? 인간은 미래에 어떻게 될 것인가? 등의 문제에 답하려고 노력했어요.

초기 서양철학사에 중요한 발자취를 남긴 고대 그리스의 프로타고

라스와 소크라테스는 각각 "인간은 만물의 척도", "너 자신을 알라."라는 말을 남겼어요. 이 두 사람이 바로 인간에 대한 연구를 시작한 사람들이에요.

플라톤과 아리스토텔레스는 전형적인 도덕주의자였어요. 그들은 인간의 존재 의미를 지혜와 미덕에서 찾았어요. 반대로 에피쿠로스, 홉스 등은 대표적인 자연주의 철학자였어요. 자연주의자들은 감각적 욕구를 인간의 본질이라고 생각했어요. 중세 유럽은 천년이라는 긴 시간 동안 암흑 속에 갇혀 있었어요. 자연스러운 인간 본성은 종교적 금욕주의로 인해 큰 제약을 받게 되지요. 이 때문에 근대 철학자들은 인간의 자연스러운 본성에 관대한 입장을 취하게 돼요.

서양 철학사를 관통한 도덕주의와 자연주의의 날카로운 대립은 현대에 이르러서야 겨우 막을 내렸어요. 오늘날의 철학자들은 본능, 의지, 충동과 같은 비이성적인 요소를 중심으로 사람의 존재 의미와 발전 과정을 연구하고 있어요.

프로타고라스(Protagoras, 약 BC 481 ~ BC 411)는 "인간은 만물의 척도다. 존재하는 것에 대하여는 존재하는 것의, 존재하지 않는 것에 대하여는 존재하지 않는 것의 척도다."라는 말로 유명해요. 그는 신의 존재를 부정했어요. 그래서 신에게 불경한 죄를 범했다고 고발당했어요. 그 벌로 그의 책 《신에 관하여》가 불태워지고 프로타고라스는 아테네에서 추방돼 객사했어요.

이처럼 서양철학자들은 주로 인간의 존재 의미를 파고들었어요. 그에 비해 중국철학자들은 처음부터 인간의 가치추구 경향, 즉 우리가 흔히 말하는 선악을 연구했지요. 중국 철학자들은 2천여 년 전 선진先秦시대부터 인간의 본성이 선한지 악한지에 대해 설전을 벌여왔어요. 끊임없이 이어진 성선性善과 성악性惡에 대한 논쟁은 중국철학의 한 축을 이루게 되었어요. 성선설을 주장한 공자와 맹자, 개인중심주의를 설파한 양주楊朱, 자연성을 주장한 노자와 장자, 음양이원론을 내세운 명리학命

理學 등이 이 논쟁을 이끌었어요.

많은 철학자들이 확고한 견해를 가지고 치열한 설전을 주고받은 덕분에 중국철학은 갈수록 완벽한 사상체계를 갖춰 갔어요. 이런 사상들은 자연스럽게 중국인의 사고방식과 민족 문화에 녹아들어 갔어요.

물론 중국철학에도 서양의 도덕주의, 자연주의와 비슷한 이론이 있긴 했어요. 다만 성선설과 같은 도덕주의가 주류로 인정받으면서 자연주의가 위축되어 버렸어요.

사람은 무엇일까요? 동서고금의 모든 철학자들이 이 문제를 연구했지만 그들이 내놓은 답은 제각각이었어요. 하지만 다양한 견해가 나온 것이 꼭 나쁘기만 한 것은 아니었어요. 그 덕분에 사고의 범위가 넓어져 더 정확하게 인식하게 된 것일지도 모르잖아요.

두 학생이 법전을 읽으면서 담배를 피우는 문제에 대해 격렬한 토론을 벌였어요. 도저히 결론이 나지 않자 두 사람은 교수를 찾아갔어요.

한 학생이 물었어요.

"교수님, 법전을 읽을 때 담배를 피워도 되나요?"

근엄한 목소리로 교수가 말했어요.

"당연히 안 될 말이지."

그러자 또 다른 학생이 물었어요.

"그럼 담배를 피울 때 법전을 읽는 것은요?"

자기 자신을 이해하는 방법에 대해 가르치는 소크라테스

교수가 대답했어요.

"그건 괜찮다."

이 이야기는 각자의 입장과 관점에 따라 상반된 결론을 내릴 수 있다는 사실을 말해줘요.

"인간은 무엇인가?"라는 질문에 정확한 답을 내린 사람은 아무도 없어요. 하지만 그렇다고 해서 철학자들이 자신의 임무에 태만했던 것은 아니에요. 그들이 보편적인 영원불변의 진리를 담고 있는 답을 찾기 위해 밤낮을 가리지 않고 고민했다는 건 분명하니까요.

하지만 여기서 생각해볼 문제가 있어요. 우리가 살고 있는 이 세상은 잠시도 쉬지 않고 변하고 있어요. 물론 사람도 예외가 아니고요. 그런데 보편적이고 결코 변하지 않는 진리로 우리가 품고 있는 모든 질문에 답할 수 있을까요? 철학자들이 말하는 보편적이고 변하지 않는 진리라는 것도 단지 그들이 갖고 있는 환상에 불과한 것은 아닐까요?

훗날 우리가 궁금해 하던 모든 질문에 정확한 답을 제시한 사상가가 나타났어요. 그는 추상적인 인간의 본성으로 인류사회를 설명하지 않았어요. 오히려 이미 구체적인 모습을 갖춘 인간사회를 통해 '인간'이 어떤 존재인지 탐구했어요. 그에 따르면 인간은 사회관계의 총체랍니다. 이를 전제로 그는 인간의 본질과 사회발전의 법칙을 정확하게 알아냈어요. 그리고 인간이 사회의 진보와 발맞춰 자유롭게 발전할 수 있는 존재라고 주장했어요. '스핑크스의 영원히 풀리지 않을 수수께끼'를 풀 수 있는 황금열쇠를 가진 철학자. 그는 바로 마르크스였어요.

마르크스는 인간은 사회적이며 구체적인 존재라고 보았어요. 또한 사회와 인간은 시시각각 변하기 때문에 세상에 영원히 변하지 않는 인간이란 존재하지 않는다고 했어요. 그러므로 "사람은 무엇인가?"라는 질문의 답도 사회의 변화에 따라 끊임없이 변한다고 생각했지요. 뿐만 아니라 앞으로도 영원히 인간에 대해 고민해야 하지만 그 해답은 쉬지 않고 굴러가는 인간 사회의 바퀴자국을 들여다보면 알 수 있다고 알려 주었어요.

이 책은 인간의 본질을 둘러싼 동서양의 지혜의 보따리를 풀어 인간의 기원, 인간의 존재, 인간의 의미, 인간의 성장 등 네 가지 분야를 살펴보면서 "인간은 무엇인가?"라는 질문에 해답을 제시하려고 해요. 이 책을 통해 성장통을 앓고 있는 우리 꿈나무들이 많은 지혜를 발견하길 바라요.

인간의 기원

인간은 누가 창조했을까요?

《성경》에 나오는 전지전능한 하느님일까요?

아니면 중국철학에서 말하는 정기일까요?

인간은 대지의 여신이 진통 끝에 낳은 존재일까요?

아니면 온 몸에 털이 난 유인원의 후손일까요?

여러 가지 가설과 추측 뒤에는 흥미로운 이야기들이 숨어있어요.

토템과
신화

어린이들은 자신과 주변 세계에 대해 엄청나게 많은 호기심을 품고 있어요. 병아리는 왜 쌀을 먹어요? 나뭇잎은 왜 초록색이지요? 왜 하늘에서는 비가 내려요? 등등 아이들이 궁금해 하는 문제는 끝이 없어요.

어른들이 보기엔 유치하기 짝이 없는 문제 같지만 그건 사실이 아니에요. 아이들의 질문 속에는 "나는 어디에서 왔어요?" 같은 근원적인 물음도 포함되어 있기 때문이에요. 물론 이 문제는 마치 "닭이 먼저냐, 달걀이 먼저냐?"처럼 대답하기가 참 곤란해요. 그렇지만 대부분의 어른들이 이 문제에 대해 그냥 웃어넘기거나 "엄마 아빠가 낳았지." 혹은 "다리 밑에서 주워왔어."라고 대충 얼버무리는 것은 큰 문제라고 생각해요.

어른이 되면 주워왔다는 말이 거짓말이라는 것쯤은 자연스럽게 알게 돼요. 굳이 설명할 필요도 없이 그건 어른들이 얼렁뚱땅 넘어가려고

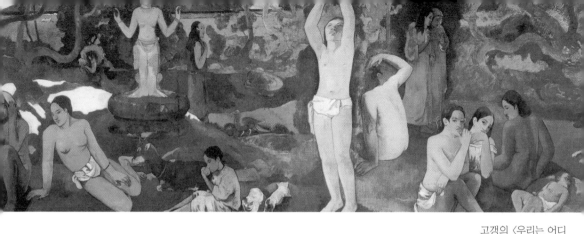

고갱의 〈우리는 어디에서 왔는가? 우리는 누구인가? 우리는 어디로 가는가?〉라는 작품이에요. 이 그림은 인간의 시작과 끝에 대해 영원히 풀리지 않을 질문을 던졌어요.

꾸며낸 말에 불과하거든요. 엄마 아빠가 낳았다는 말도 사람이 어디에서 왔는지를 설명하기에는 부족해요. 왜냐하면 엄마 아빠도 할머니 할아버지가 낳았기 때문이에요. 역사를 쭉 거슬러 올라가다 보면 최초의 인간이 있을 텐데 그럼 그 사람은 어디에서 왔단 말이지요? 어른들이 아이들의 순진한 질문에 쉽게 답하지 못하는 것도 당연해요. 아무리 어른이라도 지난 수천 년 동안 인류를 괴롭혀온 근원적이면서 난해한 수수께끼의 답을 알 리가 없으니까요.

우리의 조상이라고 할 수 있는 원시인들도 인류의 기원에 대해 의문을 품었어요. 비록 만족할 만한 답을 찾지는 못했지만 원시인들은 경험을 통한 추측과 상상력으로 자신의 생각을 표현했어요. 토템과 신화는 원시인들이 가장 직접적이고 단순한 방식으로 자신들의 생각을 전달한 것이라고 볼 수 있어요.

'토템'이란 말은 북미 인

자금성은 중국 황실문화의 축소판이에요.

이집트 벽화

디안 부족의 방언인 Ototemn에서 유래한 말로 '친족, 친족의 상징물'이라는 뜻이 있어요. 원시인들은 신성한 힘을 지녔다고 믿는 특정한 동식물이나 자연현상을 부족의 상징물로 삼아 숭배했어요. 씨족사회에서 토템은 신성한 힘을 상징했어요. 사람들은 토템 숭배를 통해 자연과 자연에 깃든 신에 대한 존경과 경외감을 표현했어요.

토템숭배는 원시 모계사회에서 전 세계적으로 유행한 풍속이었어요. 다만 인종, 지역, 부족에 따라 표현방식과 의미에서 차이가 났지요.

중국의 예를 살펴볼까요? 자금성에 들어서면 건축물과 각종 용기에 용이 장식되어 있는 것을 볼 수 있어요. 백성들도 혼례가 있거나 아이가 태어나면 용이 조각된 옥 장식 패물을 선물하곤 했어요. 외국에 사는 중국인도 마찬가지예요. 용에 관한 이야기만 나오면 중국과 관련된 일인가 싶어 관심을 보이지요. 이것은 중화민족의 토템이 용이기 때문이에요. 그래서 중국인들은 스스로를 '용의 후예'라고 부른답니다.

이집트 벽화를 통해 동물이 고대 이집트인에게
얼마나 중요한 존재였는지를 알 수 있어요.

고대 이집트에서도 토템숭배가 널리 퍼져 있었어요. 이집트 도시들은 하나 또는 여러 동물을 신으로 숭배했어요. 멤피스가 숭배한 아피스는 소의 신이었어요. 용과 소 등 동물을 토템으로 삼는 부족과 달리 식물을 토템으로 숭배한 곳도 있었어요. 비록 사람과 비슷한 점만 따지면 동물에 비할 바가 못 되지만 식물도 토템으로 숭배할 만큼 위대한 점이 있었어요. 번식력과 생명력이 누구에게도 뒤지지 않는다는 것이지요. 이외에도 벼락, 산, 물 등 자연물을 토템숭배의 대상으로 삼은 곳도 있었어요.

고갱의 〈신의 물〉은 초자연적인 존재를 숭배하는 타히티섬 토착민들을 표현했어요.

그 대상은 다양하지만 모든 토템숭배는 한 가지 공통점을 가지고 있어요. 바로 인간이 어떻게 해서 생겨났는지에 관한 궁금함, 조상에 대한 그리움에서 시작되었다는 거예요. 선사시대에는 사람과 동물이 명확하게 구분되어 있지 않았어요. 원시인들은 자신과 자연에 대해 정확히 이해하지 못했어요. 대자연은 인간에게 의식주에 필요한 모든 것을 마련해 주었어요. 하지만 수많은 위기에 빠뜨리기도 했어요. 홍수, 가뭄, 지진 그리고 맹수의 습격까지 한치 앞을 예측할 수 없는 대자연 앞에서 인간은 바람 앞의 촛불처럼 약한 존재였고 속수무책으로 당할 수밖에 없었어요.

원시인들에게 삶은 고통이었고 죽음은 두려움이었어요. 그래서 자연스럽게 초자연적인 힘을 숭배하게 된 거예요. 원시인들은 차라리 어

고갱의 〈기도〉라는 작품이에요. 보이지 않는 존재에 대한 경외감 때문에 인류는 경건한 마음을 갖게 되었어요.

떤 초자연적인 존재가 세상을 지배해주기를 바랐어요. 자신들의 목숨뿐만 아니라 길흉, 곡식의 수확량까지도 초자연적인 존재가 결정해주기를 기도했어요.

그러나 초자연적인 힘은 우리 눈에는 보이지 않는 것이었어요. 설령 초자연적인 존재를 믿는다고 하더라도 실제로는 만질 수도 느낄 수도 없었어요. 그렇다면 무엇을 믿고 또 무엇을 기원해야 할까요?

원시인들은 인간 삶의 근원인 만물을 통해 산과 물뿐만 아니라 대자연의 곳곳에 신성한 존재가 살아 숨 쉬고 있다는 사실을 깨달았어요. 만물에 신이 깃들어 있다는 믿음은 자연스럽게 토템신앙을 발달시켰어요. 일단 어떤 동물이나 식물에 신성한 힘이 내재되어 있다고 믿으면 먼저 이를 그림으로 그렸어요. 그런 다음 신을 숭배하듯 이것들을 숭배했지요. 이 때문에 대부분의 토템은 생명력이 충만하고 강인하며 지혜로울 뿐만 아니라 장수와 다산의 능력을 가지고 있다고 여겨졌지요.

인간은 씨족과 토템이 특별한 혈연관계를 맺고 있다고 생각했어요. 또한 토템이 가진 신성한 힘은 사악한 존재를 처단해 씨족을 보호해 준다고 믿었어요. 이 사실은 최근 대량으로 출토되는 벽화와 토기, 그릇

등에 형상화된 토템을 통해 알 수 있어요.

매와 뱀은 가장 강인하고 사나운 동물이라고 할 수 있어요. 그래서 많은 씨족들은 매와 뱀을 토템으로 숭배했답니다. 남부 오스트레일리아 신화에 따르면 독수리는 창조주이자 천지만물의 시조라고 해요. 남아프리카 부시맨의 신화에서는 뱀이 변해서 사람이 되었다고 하고요. 또 오스트레일리아 북부의 자바족은 뱀의 형상을 한 여신이 만물을 창조했다고 믿었어요.

초기 토템신화는 대부분 인간의 기원과 탄생을 다룬 이야기였어요. 선사시대에 중국 대륙에는 많은 씨족 부락이 출현했어요. 그들은 부족별로 서로 다른 토템신앙을 만들었어요. 토템마다 흥미로운 탄생신화를 갖고 있었는데 그 중에는 지금까지 전해지는 이야기도 있어요.

중국 전설에 따르면 천지를 창조한 건 반고盤古라는 신이었대요. 그는 용의 얼굴에 뱀의 몸을 하고 있었어요. 그래서 용 머리와 뱀 몸은 반고를 상징하는 토템이 되었어요. 이 밖에도 자연 현상을 상징화한 토템을 통해 중국인의 조상이 해, 달, 별 등을 숭배했다는 사실을 알 수 있어요.

신화는 현실에서 소재를 얻은 다음, 환상을 덧입혀 토템을 의인화했어요. 신화로 거듭난 토템은 곧바로 존재의 당위성을 인정받으면서 부족민들의 추앙을 받게 됐어요. 토템이 금기시하는 것이나 신앙시하는 것은 신화의 힘을 빌려 불변의 진리로 재탄생하게 되었어요. 물론 현대인들이 보기에는 황당하고 믿을 수 없는 구석이 있긴 해요. 하지만 이런 신화가 아직까지도 전해지는 이유는 그것을 믿어서가 아니에요. 진

반고

짜 이유는 신화 속에 살아 숨 쉬는 인물과 풍부한 상상력 안에 수천 년 전 원시시대의 기운이 녹아 있기 때문이에요.

원시인들이 처음으로 세상을 인식한 그 순간부터 인간의 의식은 발전하기 시작했어요. 토템과 신화는 원시인들의 일기나 마찬가지예요. 살아 움직일 것 같은 부호로 자신들의 성장기를 기록한 것이랍니다. 머리 아홉 개 달린 새나 거인, 신들의 모습과 이야기 하나 하나가 모두 그 시절에 대한 기록이에요. 우리는 그것들을 통해 멀고 먼 원시시대를 그려볼 수 있어요. 그리고 당시 원주민들이 느꼈을 두려움과 바람, 수확의 기쁨, 투쟁과 평화를 이해할 수 있어요.

우리는 신화를 통해 토템이 일종의 포기선언이면서도 희망의 표현

반 고흐의 〈별이 빛나는 밤〉. 이 작품은 현대인의 눈으로 보더라도 자연의 신비로움을 완전히 이해할 수는 없다는 사실을 일깨워주고 있어요.

이라는 사실을 알 수 있어요. 대자연에 비해 인간은 너무도 나약한 존재였어요. 자신의 한계를 인식한 인간은 토템에게 초자연적인 힘을 부여했어요. 그러므로 토템이 초월적인 힘을 가진 존재였다는 사실은 바꿔 생각해보면 인간이 자신에 대해 깨닫기 시작했다는 것을 의미해요. 약한 인간은 강한 대자연과 충돌할 때마다 토템에게 더 큰 힘을 부여할 수밖에 없었어요. 토템의 힘이 강할수록 어려움이 닥쳤을 때 더 잘 보호해 줄 것이라고 믿었기 때문이에요. 이 과정에서 자연은 더욱 자연스러워질 수 있었고 인간은 더욱 인간다워질 수 있었어요.

신화는 원시시대의 사고방식으로 만들어졌어요. 신화를 만들었다는 것은 이성이 눈뜨기 시작했다는 뜻이지요. 원시인들은 토템을 설명하기 위해 신화를 만들면서 그 안에 인간의 탄생과정을 담았어요. 사용하는 단어가 늘어날수록 이야기는 복잡해졌어요. 그러는 사이 한 사람의 환상에서 시작된 신화는 공동체의 의지를 전달하는 도구로 바뀌었고 인간의 의식도 더불어 성장하게 되었어요.

만물의 어머니, 대지

뉴질랜드는 오스트레일리아 옆에 있는 섬나라에요. 거기에는 마오리족이라고 불리는 원주민이 살고 있어요. 마오리족의 전설에 따르면 타네(Tane)라는 이름의 조물주가 진흙으로 사람을 빚었다고 해요. 타네는 강의 붉은 진흙에 자신의 피를 섞어 자기의 모습을 본뜬 인형을 빚었어요. 진흙 인형은 신과 마찬가지로 눈, 코, 입, 귀뿐만 아니라 팔과 다리도 있었어요. 인형을 다 만든 신은 인형의 코와 입에 숨을 불어넣었어요. 그러자 인형이 재채기를 하면서 숨을 쉬기 시작했다고 해요. 마오리족은 인간이 이렇게 탄생했다고 믿고 있어요.

아프리카에도 비슷한 이야기가 있어요. 백나일강 근처에 살던 실루크족의 신화에 따르면 주오크라는 신이 인간을 만들었다고 전해져요. 주오크는 진흙으로 사람을 만들어야겠다고 생각했어요. 그는 먼저 달리기도 하고 일도 할 수 있도록 두 다리를 만들고, 곡식을 심을 수 있도록 두 팔을 만들었어요. 한쪽 팔로는 도구를 사용하고 다른 쪽 팔로는 잡초를 뽑을 수 있도록 일부러 두 개를 만들었어요. 그런 다음, 보고 듣고 말하고 먹을 수 있도록 눈 두 개, 귀 두 개, 입 하나, 혀 하나를 만들어 지금의 사람과 똑같은 모습을 만들었어요.

원시 시대에는 서로 다른 문화권마다 다양한 신화가 있었어요. 재미있는 것은 이집트, 그리스, 바빌로니아, 인도, 말레이시아, 필리핀, 마야, 에스키모의 탄생신화에서 인간은 모두 '진흙'으로 만들어졌다는 사실이에요. 왜 당시 원시인들은 하나같이 진흙으로 사람을 빚었다고 생각했을까요? 단순한 우연일까요? 이것 역시 뭐라고 딱 잘라서 대답하기 어려운 문제예요.

여러 부족들이 진흙으로 사람을 빚었다고 생각한 데는 그럴만한 이유가 있어요. 그들은 자신들의 삶 속에서 인간의 기원을 유추했어요.

원시인들은 자연에 대해 무지했고 자연을 이용하는 방법도 몰랐어요. 더군다나 혼자서는 갑작스런 천재지변이나 맹수의 습격에 대항할 수 없었지요. 서로 평등하게 협력하는 씨족 안에서만 살아갈 수 있었어요. 그렇기 때문에 출산과 번식은 씨족의 성쇠와 관련된 매우 크고 중요한 일이었어요. 사람 수가 많을수록 각종 재난에 대항할 수 있는 힘도 커지잖아요.

원시인들은 의식주와 생명의 안전을 보장할 수

다산과 풍요를 상징하는 풍만한 비너스. 원시인들이 생식 능력을 갖춘 여성을 숭배했다는 사실을 알 수 있어요.

고갱의 작품 〈대지〉는 사실 여성과 대지가 같은 존재라는 사실을 암시하고 있어요. 대지가 곧 어머니이고, 어머니가 곧 대지인 셈이지요.

없는 환경에서 살았어요. 맹수의 습격과 배고픔에서 벗어날 방법은 무엇일까? 어떻게 해야 부족을 지켜낼 수 있을까? 원시인들은 늘 이런 고민에 시달려야 했어요. 하지만 원시인들이 가진 힘은 너무나도 미약했기 때문에 외부의 공격에서 부족민을 구할 수가 없었어요. 그런 상황에서 유일한 희망은 바로 여성의 왕성한 생식능력으로 부족민 수를 늘리는 것이었어요.

그 당시 사람들은 남성도 생식과 양육에 중요한 역할을 한다는 것을 전혀 몰랐어요. 여성만이 아이를 낳고 기를 수 있는 능력을 가졌다고 생각했지요. 그들은 생식을 주관하는 신이 여성의 배 안으로 들어가 아이가 생기도록 기운을 불어넣어 준다고 생각했어요.

그렇다면 여성의 생식을 주관하는 신은 과연 누구일까요? 많은 신화에도 나와 있는 것처럼 이 역할을 맡고 있는 건 바로 대지의 여신이에요. 세상 어느 곳에나 존재하는 만물의 어머니 '대지' 말이에요.

티베트에 사는 야오바족의 신화 중에 대지의 여신에 관한 흥미로운 이야기가 있어요.

대지는 아이를 낳을 때 참을 수 없는 고통에 괴로워했어요. 아이를 낳을 때마다 얼마나 고통스러운지 산이 무너져 내리고 땅이 갈라질 정도로 몸부림쳤어요. 고통에 찬 비명소리는 광풍과 천둥을 일으켰어요. 아이를 낳으면서 얼마나 많은 피를 흘렸는지 강줄기로 흘러든 대지의 피로 강물은 넘실넘실 흘러 넘쳤어요. 땅위의 초목은 어머니 대지가 흘린 피를 마시고 무럭무럭 자랐어요. 태양도 동식물도 그리고 사람까지도 모두 어머니 대지가 고통스럽게 낳은 아이들이에요.

아주 먼 옛날 미개한 시대에는 생식 능력이 부족의 미래를 결정했어요. 그래서 원시인들은 생식 능력을 가진 여성을 숭배했어요. 그리고 생식 능력에 대한 숭배는 대지에 대한 숭배로 이어졌어요. 진흙으로 사람을 빚었다는 신화는 바로 이 대지 숭배에서 비롯된 거예요.

중국 원시 신앙에서 말하는 대지의 여신은 여와女媧예요. 반고가 세상을 만들자 이번에는 여와가 나서서 흙으로 인간을 빚어내고 인간에게 후손을 낳을 수 있는 능력을 주었다고 해요. 여와는 무한한 신통력과 하루에 70번이나 변할 수 있는 능력을 가진 고대 신화 속 신성한 여신이에요.

대지의 여신 여와

전설에 따르면 아직 천지가 나뉘지 않았을 때 하늘과 땅은 마치 둥근 알처럼 하나로 뭉쳐져 있었다고 해요. 그 알 속에는 반고라는 신이 있었어요. 반고는 하루가 다르게 무럭무럭 자라더니 답답한 알을 두 쪽으로 가르고 밖으로 나왔어요. 이 때 알의 반쪽은 하늘이 되고 나머지 반쪽은 땅이 되었어요. 밖으로 나온 반고는 머리로 하늘을 받치고 땅을 딛고 섰어요. 그 이후로도 반고의 키는 하루에 한 길(사람 키 정도의 길이)씩 만 팔천 년 동안 자랐어요. 그렇게 반고는 하늘이 더 이상 높아질 수 없고 땅이 더 이상 두꺼워질 수 없을 때까지 하늘과 땅 사이에 버티고 있었어요.

그 후 반고가 죽으면서 내뿜은 숨결은 구름과 바람이 되었고 그의 목소리는 천지를 울리는 천둥 소리가 되었어요. 반고의 왼쪽 눈은 태양이 되었고 오른쪽 눈은 달이 되었어요. 그리고 몸은 웅장한 산맥이 되었고 피는 강물이 되었으며 땀방울은 빗줄기가 되었어요. 이렇게 해서 아름다운 세계가 만들어지게 된 것이랍니다.

여와는 반고가 만들어낸 세상의 아름다움에 반해버렸어요. 그래서 세상을 더 아름답게 만들기 위해 인간을 만들어야겠다고 생각했어요. 여

복희여와도

와는 맑은 물에 황토를 개어 진흙을 만들었어요. 그런 다음 진흙을 한 덩어리씩 떼어내어 작은 사람들을 빚기 시작했어요. 여와가 코, 눈, 귀, 입 등을 모두 만들자 진흙으로 빚은 사람들이 여와의 발밑을 뛰어다니며 장난을 치고 노래를 불렀어요. 이리저리 즐겁게 뛰어다니는 사람들을 본 여와는 기분이 좋아졌어요. 그래서 쉬지 않고 손을 놀려 더 많은 사람들을 빚어냈어요. 그리고 나서는 다 빚은 사람들을 대지에 뿌렸어요. 하지만 사람들이 너무 작아 두 손으로 빚으려니 시간이 너무 많이 걸렸어요. 마음이 급해진 여와는 끈 하나를 구해와 진흙에 담근 다음 대지를 향해 세차게 흔들었어요. 그러자 끈에서 떨어진 진흙덩어리들이 모두 사람으로 변했어요. 다만 여와가 공을 들여 만든 사람들에 비해서는 조금 못 생기거나 어리석고 둔했지요. 여와가 만든 사람들은 산과 들과 계곡으로 퍼져 나갔어요.

인간을 다 만든 다음 여와는 고민에 빠졌어요. "만약 사람들이 죽으면 어떡하지?" 그래서 여와는 여자와 남자가 함께 살면서 아이를 낳도록 했어요. 덕분에 사람들은 스스로 후대를 이을 수 있게 되었어요.

지난 수천 년 동안 '진흙으로 인간을 빚은' 신화는 인간이 대지에서 태어났다는 사실을 끊임없이 일깨워주었어요. 그 덕분에 중화문명도 '땅'에 뿌리를 내릴 수 있었고 사람들도 대대손손 어머니 대지를 마음 깊이 담아두게 되었어요. 사람은 흙에서 태어나 흙으로 돌아가요. 아무리 고향을 떠나 타국에 머물게 되더라도 마음 깊은 곳에서는 고향의 흙을 잊지 않고 있어요. 이것은 낙엽이 뿌리를 그리워하는 마음이며 자식이 어머니를 그리워하는 마음과 같아요.

정기가 낳은 존재

'숨'은 사람이 살아가는 데 없어서는 안 된다는 사실, 다들 알고 있지요? 물속에서 자유롭게 노니는 물고기는 양 쪽 아가미로 숨을 쉬어요. 만약 물고기를 물에서 꺼내면 어떻게 될까요? 물론 얼마 지나지 않아 곧 죽어버리겠지요. 물고기처럼 아가미가 있는 것은 아니지만 식물도 잎사귀 위에 뚫려있는 수많은 숨구멍을 통해 숨을 쉬고 있어요. 사람은 말할 것도 없어요. 코와 입이 바로 숨을 쉬게 해주는 곳이잖아요.

우리는 어머니 뱃속에서 나와 첫울음을 터뜨리는 순간 생명이 시작되었다고 봐요. 그리고 마지막 숨을 거두는 순간을 생명이 끝나는 시점이라고 생각해요. '숨'은 사람의 생명과 직결되어 있고 생명력에 영향을 미치는 중요한 요소예요. 몸을 혹사시키면서 이리 저리 바쁘게 뛰어다니는 사람은 내뱉는 숨은 많은 데 비해 들이마시는 숨은 적어요. 그러면 몸도 자연히 허약해지고 기운이 없어지게 돼요. 차분하고 편안한 마음을 갖고 있는 사람은 내뱉는 숨보다 들이마시는 숨이 더 많기 때문에 건강하고 힘이 넘치는 사람이 되는 거예요.

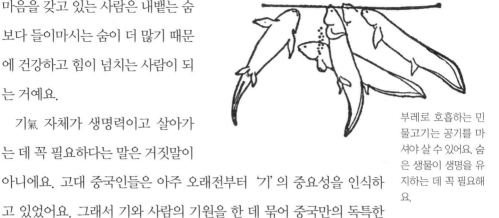

부레로 호흡하는 민물고기는 공기를 마셔야 살 수 있어요. 숨은 생물이 생명을 유지하는 데 꼭 필요해요.

기氣 자체가 생명력이고 살아가는 데 꼭 필요하다는 말은 거짓말이 아니에요. 고대 중국인들은 아주 오래전부터 '기'의 중요성을 인식하고 있었어요. 그래서 기와 사람의 기원을 한 데 묶어 중국만의 독특한 '정기 인간 창조설'을 만들었어요.

그렇다면 '기'란 대체 무엇일까요? 처음에 기는 대자연 속의 갖가지 구체적인 존재들과 사람의 '숨'을 일컫는 말이었어요. 하지만 철학적 개념으로서 '정기精氣'의 '기'는 자연 상태의 구체적인 기와는 달라요. 그것은 구체적인 모습의 기를 추상화한 만물의 근원을 가리키는 말이에요.

'정'은 원래 작은 쌀알이라는 의미였는데 나중에는 모든 자잘한 것들을 뜻하는 말이 되었어요. '정기'는 기 중에서도 가장 미세한 것을 가리켜요. 그것은 이 세상에 실제로 존재하고 있는 물질이에요. 또한 사람이 원한다고 생기거나 원하지 않는다고 사라지지 않아요. 정기는 계속해서 다른 모습으로 변할 뿐이지 단 한 순간도 사라지지 않고 항상 우리 주변에 존재하고 있어요.

그럼 정기는 언제 생겨난 것일까요? 가장 먼저 발견한 사람은 누구일까요? 사실 이 문제에 대해서는 아직까지 정확한 결론이 내려지지 않았어요. 정확하게 대답할 수 있는 증거가 부족하거든요.

가장 먼저 정기가 사람을 만들었다고 주장한 사람은 전국시대 정치가이자 철학자였던 관중管仲이었어요. 《관자管子》의 내업内業편에 보면 이런 말이 나와요. "사람이 태어날 때에는 하늘에서 정기를 받고 땅에서 형체를 받아 이 두 가지의 화합으로 생겨나게 된다." 이 말은 정기가 생명의 기반이고 사람은 정기와 형체가 결합되어 만들어진다는 뜻이에요. 이것을 보면 사람에게 정기가 얼마나 중요한지 단번에 알 수 있어요. 그리고 여러분이 꼭 알아야 할 것이 한 가지 더 있어요. 바로 정기와 형체 중에서 본질은 형체가 아닌 정기라는 거예요.

예를 들어 볼까요? 건강한 사람과 병든 사람, 그리고 죽은 사람이 있

다고 가정해 볼게요. 이 세 사람은 겉으로 보아서는 큰 차이가 없어요. 그럼 무엇이 다를까요? 바로 각자가 가진 정기가 달라요. 건강한 사람은 정기가 충만하지만 병든 사람은 정기가 쇠약해요. 그리고 죽은 사람에게서는 정기를 찾아볼 수 없어요. 정기가 가득한 사람만이 건강하게 살 수 있어요. 그런 사람들은 내장

반 고흐의 〈삼나무〉는 '기'가 피어오르는 모습을 표현했어요. 마치 고대 중국의 '정기' 사상이 시공간을 뛰어넘어 서양에서 피어난 것 같아요.

기관도 건강하지만 겉으로 봤을 때도 사지가 튼실하고 피부에서 윤기가 흐르는 등 한눈에 봐도 건강하다는 사실을 알 수 있답니다.

《관자》는 정기를 만물의 본질이자 지혜의 샘이라고 보았어요. 그리고 정기는 사람을 건강하게 만들고 인지기관을 발달시켜 성인에 버금가는 지혜를 깨닫게 해준다고 했어요.

몸이 섞인 복희와 여와

"무릇 물질의 정기, 이것이 생명을 낳으니, 아래로는 오곡을 낳고 위로는 별을 만들었다. 천지 사이에 흐르는 정기를 귀신이라 하고 마음속에 담고 있으면 그를 성인이라 부른다."

모든 물질은 내면에 더 섬세한 무언가를 담고 있어요. 바로 이 정교하고 섬세한 것이 땅에서는 오곡으로 하늘에서는 별로 바뀌었어요. 그것은 귀신의 혼처럼 세상 어디라도 자유롭게 날아갈 수 있어요. 이곳저곳을 떠돌다 사람 마음으로 흘러 들어가면 그 사람을 성인으로 만들어 주지요.

그렇지만 《관자》가 주장한 '정기가 사람을 낳았다'는 이론은 완벽하지 않아요. 《관자》에 따르면 사람의 몸 안에는 정기가 깃들어 있는 특별한 곳이 있어요. 그런데 정기가 형체가 있는 곳에 깃들어 있다고 한다면 사람의 생명도 '정기'와 '형체', 이 둘에 의해 만들어진 셈이 아닌가요? 그렇기 때문에 정기가 생명의 유일한 근원이라고 주장하는 것은 억지예요.

그럼 사람의 형체도 정기로 만들어진 것은 아닐까요? 안타깝게도

《관자》가 이 점에 대해서는 언급하지 않았기 때문에 확인할 길이 없어요. 다만 《관자》의 내업편에 보면, "사람은 어떻게 만들어지는가?"라는 질문에 대한 답을 알려 주고 있어요.

　　"사람은 물이다. 남녀의 정기가 결합하여 마치 물이 흐르듯이 형체를 이룬다."

　그의 말대로라면 사람은 남녀의 정기가 결합하여 '물' 흐르듯 섞여 형체를 이룬 것에 지나지 않아요. 그렇다면 이것은 사람이 순수하게 정기로 이루어졌다는 처음의 주장을 완전히 뒤집는 말이에요. 비록 자기 모순에 빠지기는 했지만 사실 《관자》가 하고 싶었던 말은 이렇게 요약할 수 있어요.

　"정기는 만물의 근원이자 사람의 생명과 건강을 지켜주는 것이다!"

　《관자》는 섬세한 '기'만이 사람을 낳을 수 있다고 생각했어요. 정기를 기의 일부로 생각하지 않고 여전히 구체적인 형체를 가진 물질이라고 생각한 것이지요. 훗날, 장자는 이를 좀더 추상화해서 기는 우주의 근원이라고 말했어요. 그에 따르면 기는 만물의 근원이고 사람의 생명은 기로 만들어졌어요. 기에 얽힌 재미있는 일화가 있어요.

　　장자의 아내가 죽자 혜자가 문상을 갔어요. 그런데 뜻밖에도 장자가 두 다리를 뻗고 항아리를 두드리며 노래를 부르고 있는 것이 아니겠어요? 이를 이상

관중

하게 여긴 혜자가 꾸짖었어요.

"자네 부인은 평생을 자네와 해로하면서 자네의 아이까지 낳았네. 그런 아내가 죽었는데 곡은 못할망정 노래라니, 너무 지나치지 않은가?"

장자가 대답했어요.

"아내의 숨이 끊어졌을 때는 나도 슬퍼서 울었다네. 그런데 가만히 생각해보니 사람은 원래 생명이 없는 존재였지 않은가. 생명은 말할 것도 없고 형체도 기도 없었지. 유와 무 사이를 오가던 것이 기로 변하더니 나중에 가서는 형체를 갖게 되었고 그것이 변해 생명이 된 것이 아닌가. 이제 다시 죽었으니 살고 죽는 것이 봄, 여름, 가을, 겨울 사계절이 변하는 이치와 다를 바 없네. 그 사람은 이미 천지간 어딘가에서 편안히 쉬고 있을 걸세. 그러니 내가 아무리 슬프게 곡을 한들 무슨 소용이 있겠나. 그저 내가 아직도 생명의 이치를 깨닫지 못했다고 온 천하에 떠드는 꼴이지."

장자는 사람은 원래 생명이 없었다고 생각했어요. 그에 따르면 일기一氣가 변해 형체가 되었고 그 후 생명을 갖게 되었어요. 그런데 만물이 '일기'에서 만들어졌다고 한다면 이 '기'는 어디에서 왔을까요?

《장자》는 혼돈상태에 있던 기에 대해 이렇게 적고 있어요.

만물이 생겨나기 전, 남해는 숙왕, 북해는 홀왕 그리고 중앙은 혼돈이라는 왕이 다스리고 있었다. 숙과 홀은 종종 혼돈을 방문했는데 매번 융숭한 대접을 받았다. 숙과 홀은 혼돈에게 보답할 방법을 생각했다.

"사람은 보고 듣고 먹고 숨쉬기 위한 일곱 개의 구멍이 있는데 혼돈만 이것이 없으니 우리가 뚫어 주세나."

그러고 나서 둘은 하루에 하나씩 혼돈의 얼굴에 구멍을 뚫어 주었다. 그런데 일곱 번째 구멍을 뚫자 혼돈이 죽어버렸다.

이 이야기 속에서 태초에 혼돈상태의 기는 형체가 없었는데 숙과 홀이 혼돈에게 일곱 개의 구멍을 뚫어주면서 생명이 의식을 갖게 되었어요. 생명이 의식을 갖게 되었으니(일곱 개의 구멍) 혼돈 상태도 끝나버린 것이지요.(혼돈의 죽음)

기에는 유형의 기와 무형의 기가 있는데 태초에 이 두 기가 하나로 합쳐졌어요. 혼돈 상태에서 뒤죽박죽 뒤엉켜 있던 기는 음양陰陽(상반된 성질의 두 가지 기운)과 청탁清濁(맑음과 흐림)에 따라 나누어졌어요. 그런 다음 무형에서 유형으로 조금씩 변해갔어요. 이렇게 점점 형체를 갖춰가다가 마지막에 만들어낸 것이 바로 사람과 만물이에요.

일단 기가 사람을 만들었다는 점은 알겠는데 그렇다면 어떻게 만들었다는 말이지요? 장자는 가장 유연하고 시시각각 변하는 것이 바로 기라고 했어요. 사람과 천지, 해와 달, 꽃, 동물 어느 것 하나 기로 만들어지지 않은 것이 없어요. 사람의 생명은 기의 존재 여부에 달려있어요. 기가 모이면 생명이 생기는 것이고 기가 흩어지면 사람도 죽어요. 기는 쉴 새 없이 모였다 흩어지고 수시로 변해요. 그렇기 때문에 사람은 영원히 삶과

장자

죽음의 고리를 벗어날 수 없어요.

어째서 기는 계속해서 움직이는 걸까요? 어디에서 그런 힘이 나오지요? 장자는 은·주시대의 《역경易經》에서 해답을 찾았어요. 《역경》에 따르면 기는 그 자체가 힘을 갖고 있어요. 만물은 음과 양이라는 두 가지 상충되는 힘을 갖고 있어요. 바로 이 대립되는 힘이 서로 밀고 당기며 사물의 변화를 일으킨다는 것이지요. 이것은 심오한 변증법을 내포한 생각이에요.

《관자》와 《장자》의 '기가 사람을 만들었다' 는 생각은 전국시대 이후 많은 사람들의 인정을 받았어요. 특히 한, 송, 명대에 왕충, 장재, 주희 등에 의해 더욱 발전하게 되었어요. 정리해 보자면, 정기가 사람을 낳았다는 이론은 과학적이지는 않지만 토템숭배나 신이 인간을 창조했다는 창조설에 비해 더 명확하고 직관적일 뿐만 아니라 심오하고 추상적인 사고를 내포하고 있어요. 그래서 더 보편적으로 받아들여지고 있어요.

장자는 혜시와 무척 친했어요. 처음 만난 혜시에게 장자는 "봉황을 만날 줄 알았는데 참새일 줄이야."라며 농담을 했어요. 위나라 재상이었던 혜시에게 이런 말을 한 걸 보면 장자는 참 거침없는 사람이었나 봐요.

창조주가 만든 존재

인간은 누가 창조했을까요? 여기에 대해서는 수많은 가설이 있지만 아마도 기독교 《성경》에서 말하는 하느님이 인간을 창조했다는 설이 가장 널리 알려지고 또 가장 많은 사람이 믿고 있는 가설일 거예요. 《구약 창세기》에 따르면 창조주 하느님은 전지전능한 신으로 6일 동안 세상과 인간을 만들었다고 해요.

우주와 천지가 나누어지기 전에는 어둠이 텅 빈 혼돈 상태의 세상을 덮고 있었어요. 그 때 하느님이 깊이를 알 수 없는 어둠을 향해 말했어요. "빛이 있으라!" 그러자 빛이 생겼어요. 이때부터 빛과 어둠이 나누어졌고 하느님은 빛을 '낮'이라 부르고 어둠을 '밤'이라 불렀어요. 저녁이 지나고 아침이 되니 이 날이 첫째 날이었어요.

둘째 날, 하느님이 또 말했어요. "물 한가운데 둥근 공간이 생겨 물

을 둘로 나누어라." 하느님이 둥근 공간 아래의 물과 위의 물을 나누었어요. 그러자 그 공간사이에 하늘이 생겨났어요. 하늘 아래의 물이 점점 아래로 흘러 뭍이 드러났어요. 이렇게 해서 땅과 바다가 만들어졌어요.

하느님이 말했어요. "땅은 풀과 씨를 맺는 식물과 씨가 든 열매를 맺는 온갖 과일 나무를 내어라." 그러자 땅은 정말로 식물과 과일나무를 종류대로 내었어요. 저녁이 지나고 아침이 오니 이 날이 셋째 날이었어요.

넷째 날, 하느님이 말했어요. "하늘에 빛들이 있어 낮과 밤을 나누고, 계절과 날과 해를 구별하여라. 큰 빛은 낮을 다스리고 작은 빛은 밤을 다스려라." 그리하여 태양과 달이 나타났어요.

스페인의 양탄자. 하느님이 세상을 창조하는 광경을 보여줘요. 하느님은 가장 먼저 아담을 창조하였고 아담의 갈비뼈를 꺼내 하와를 만들었어요. 그리고 나서 새와 물고기를 만들고 아담이 모든 동물들의 이름을 짓도록 했어요.

하느님이 세상
을 만든 넷째 날.

다섯째 날, 하느님이 말했
어요. "물은 움직이는 생물을
많이 내어라. 새들은 땅 위의
하늘을 날아다녀라." 하느님
은 커다란 바다짐승과 물에서
움직이는 생물과 날개 달린 새
를 그 종류에 따라 창조하였어
요.

그리고 여섯째 날, 하느님이 말했어요. "땅에는 아직 아무런 생물이
없구나. 땅은 온갖 생물을 내어라." 하느님은 온갖 들짐승과 가축과 땅
위에서 기어 다니는 생물을 각기 그 종류대로 만들었어요.

이 모든 일을 마친 다음 하느님이 말했어요. "우리가 우리의 모습과
형상대로 사람을 만들자. 그래서 바다의 물고기와 공중의 새와 온갖 가
축과 들짐승과 땅 위에 기어 다니는 모든 생물을 다스리게 하자."

하느님은 땅에서 흙을 한 줌 집어 하느님의 형상대로 사람을 만들었
어요. 그리고 사람의 코에 생명의 숨을 불어 넣자 진흙으로 빚은 사람
이 생명체가 되었어요. 사람은 이렇게 하느님이 창조한 존재예요.

하느님은 손수 만든 세상과 사람을 보고 매우 흡족해 했어요. 그래
서 일곱째 되는 날에는 하던 일을 마치고 쉬기로 하였어요.

하느님이 맨 처음 창조한 사람은 아담이라는 남자였어요. 하느님은
아담을 아름다운 꽃이 만발한 에덴동산에서 지내게 하였어요. 또 하느
님은 아름답고 먹기 좋은 열매를 맺는 온갖 나무들이 에덴동산에서 자
라게 하였어요. 동산 한가운데에는 생명나무와 선악을 알게 하는 나무

도 있었어요. 하느님은 아담에게 에덴동산을 돌보고 지키게 하면서 특별히 당부하였어요.

"너는 동산에 있는 모든 나무의 열매를 마음대로 먹어라. 그러나 선악을 알게 하는 나무의 열매만은 먹지 마라. 만약 그 나무의 열매를 먹으면, 너는 반드시 죽을 것이다."

아담은 하느님의 정원을 정성껏 돌봤어요. 그러던 어느 날, 아담은 모든 생명체가 짝이 있는데 자신만 혼자인 것을 알고 외로워했어요. 아담의 마음을 안 하느님은 아담이 잠든 사이 아담의 갈비뼈 하나를 꺼내고 그 자리를 살로 메웠어요. 그리고는 아담의 갈비뼈로 여자를 만들어 하와라는 이름을 지어주었어요. 짝이 생긴 아담은 모든 근심과 걱정을 잊어버렸어요. 두 사람은 아름다운 에덴동산에서 서로 아끼고 사랑하며 즐거운 나날을 보냈어요.

어느 날, 교활한 뱀이 하와에게 말했어요.

"선악과를 먹어도 결코 죽지 않아. 그 나무 열매를 먹으면 눈이 밝아

에덴동산은 천국이라고도 불러요. 아담과 하와가 죄를 짓기 전에 살던 곳이랍니다. 아담과 하와는 뱀에게 속아 지혜의 나무에 열린 선악과를 따먹은 죄로 동산에서 쫓겨나요. 영국 시인 밀턴은 이 이야기를 소재로 서사시 《실락원》을 지었어요.

라파엘로(Raffaello)의 〈동물의 창조〉. 여섯 번째 날, 동물을 창조하는 모습을 그렸어요.

미켈란젤로(Michelangelo)는 시스티나 성당에 그린 〈창세기〉에 하느님의 모습을 담았어요.

지면서 선과 악을 알게 되고 진실과 거짓을 분별할 수 있게 돼. 그러면 너희는 하느님같이 될 수 있어."

　뱀의 꼬임에 넘어간 하와는 선악과를 따서 먹고 자기 남편에게도 주었어요. 그러자 두 사람의 눈이 밝아졌어요. 자기들이 벌거벗고 있다는 것을 깨달은 아담과 하와는 몹시 부끄러웠어요. 그래서 무화과나무 잎을 엮어 옷을 만들어 그것으로 몸을 가렸어요.

　그 때, 하느님이 그들을 찾아왔어요. 아담과 하와는 하느님을 피해 동산 나무 사이에 숨었어요. 하느님이 아담을 불렀어요.

　"아담아, 어디에 있느냐?"

　아담이 대답했어요.

　"하느님의 소리를 들었지만 제가 벌거벗고 있기 때문에 두려워서 숨었습니다."

　크게 노한 하느님이 물었어요.

"네가 벌거벗었다고 누가 말해 주었느냐? 내가 먹지 말라고 한 나무 열매를 먹었느냐?"

하와가 대답했어요.

"뱀의 꾐에 넘어가 그만 열매를 먹고 말았습니다."

하느님은 하와에게 말했어요.

"너는 아기를 낳는 고통을 느끼게 될 것이고 남편의 다스림을 받을 것이다."

그리고 아담에게도 벌을 내렸어요.

"너는 네 아내의 말을 듣고 내가 먹지 말라고 한 나무의 열매를 먹었다. 그러므로 너 때문에 땅이 저주를 받을 것이다. 앞으로 너는 평생토록 땀 흘려 일해야만 땅에서 나는 것을 먹을 수 있게 될 것이다."

하느님은 아담과 하와를 즐거움의 땅 에덴동산에서 쫓아내 고통의 땅 인간세계로 보냈어요. 원죄를 안고 태어난 아담과 하와의 자손들은 계속해서 하느님이 내린 벌을 받아야 했어요. 여자는 끊임없이 고통 속에서 아이를 낳아야 했고 남자는 힘들게 일해야만 했어요. 아담과 하와가 선악과를 따 먹은 것을 속죄하기 위해 그들의 후손은 대대손손 힘겨운 삶을 살아야 했어요.

마사치오(Masaccio) 〈낙원에서의 추방〉

창세기에 나오는 하느님은 모든 사물과 현상을 만들어낸 존재예요. 창세기를 보면 하느님이 몇 가지 법칙에 따라 세상과 사람을 창조했다는 사실을 발견할 수 있어요.

하느님은 목적과 계획을 가지고 세상과 사람을 창조했어요. 사람이 가장 마지막에 만들어졌다는 사실은 물질은 기초이고 사람이 목적이라는 법칙을 말해주고 있어요.

세상을 만들던 넷째 날, 하느님은 먼저 하늘과 땅, 낮과 밤, 하늘과 대지, 바다 등 무생물과 식물을 창조했어요. 그리고 다섯째 날 좀 더 수준 높은 고등 동물을 만들었고 마지막 날에 이르러서야 사람을 창조했어요. 이것은 무생물에서 생물로, 다시 고등생물로 점점 단계가 올라갔다는 사실을 말해줘요. 이를 통해서 사람이 만물의 영장이라는 점을 강조하고 있어요.

하느님이 만물을 창조하면서 지킨 또 다른 원칙은 바로 '대칭'이었어요. 하늘과 땅, 빛과 어둠, 공중과 물, 해와 달, 식물과 동물, 무생물과 생물의 구분이 바로 그것이에요. 사람도 마찬가지예요. 하느님은 먼저 아담이라는 남자를 만든 다음 여자인 하와를 만들었어요. 그 결과 남자와 여자는

랭브르 형제(Limbourg Brothers)의 〈에덴동산〉이에요. 선악과를 훔쳐 먹고 쫓겨나는 아담과 하와를 그렸어요.

결코 떼어놓을 수 없는 한 쌍이 되었어요.

하느님은 자기의 형상대로 사람을 만들었어요. 비단 생명을 주었을 뿐만 아니라 만물을 다스릴 수 있는 권리도 주었어요. 그렇지만 아직 진정한 의미의 사람은 아니었어요. 왜냐하면 에덴동산에서 근심 걱정 없이 행복하게 살던 아담과 하와는 자의식이 없었기 때문이에요. 그들은 수치가 무엇인지도 선악과 지혜가 무엇인지도 몰랐어요.

아담과 하와가 선악과를 훔쳐 먹는 순간, 진정한 인간이 태어났다고 할 수 있어요. 선악과를 먹었기 때문에 지혜를 가진 인간으로 거듭날 수 있었어요. 아담과 하와는 선악과를 먹은 다음에야 벌거벗고 있는 자신들을 보고 부끄러움을 느꼈어요. 그래서 재빨리 무화과 잎을 엮어 몸을 가렸어요.

아담과 이브를 에덴동산에서 쫓아내면서 하느님이 말했어요.

"보아라. 사람이 우리와 같은 존재가 되어 선과 악을 알게 되었다."

하느님이 처음에 만든 인간은 형체와 잠재적인 영혼만을 가진 인간이었어요. 그러나 선악과를 훔쳐 먹으면서 신과 같이 선악을 구분할 줄 아는 지혜를 가진 완벽한 '인간'이 태어났어요. 본능에 따라 행동하던 인간은 지혜가 생기면서부터 자의식을 갖고 행동하는 사람이 되었어요. 그렇기 때문에 진정한 인간세상과 역사를 만든 것은 지혜라고 할 수 있어요.

하느님이 인간을 창조했다는 이야기 속 주인공은 하느님이 아니라 인간이에요. 피조물인 인간이 바로 인간 창조설의 핵심이자 목적이에요. 인간은 가상의 존재인 하느님을 창조하여 인간의 존재를 뒷받침할 수 있는 근거를 만들었어요. 그렇다면 하느님은 결국 인간이 자신의 존재를 설명하기 위해 상상으로 만든 신에 지나지 않아요.

하느님이 인간을 만드는 과정을 살펴보면 인간이 만물 중에서 가장 존귀하다고 생각하는 입장을 발견할 수 있어요. 예를 들어 하느님은 먼저 만물을 창조한 다음 마지막에 인간을 창조했어요. 우주 만물이 곧 태어날 인간을 위해 모든 조건을 갖추고 기다리고 있었던 셈이에요. 또한 인간은 하느님의 형상대로 만들어졌어요. 하느님은 "우리가 우리의 모습과 형상대로 사람을 만들자."고 말했어요. 하느님과 꼭 닮은 모습을 하고 있는 아담을 보면 하느님도 인간의 형상을 하고 있다는 사실을 유추할 수 있겠지요. 뿐만 아니라 하느님은 이미 형상을 갖춘 아담에게 자신의 숨을 불어넣어 생명체로 만들었어요.

미켈란젤로가 시스티나 성당 천장에 그린 〈원죄〉

인간은 선천적인 능력 덕분에 동물과는 다른 생명체가 될 수 있었어요. 하느님은 인간에게 만물을 다스릴 수 있는 권리를 주었어요. 에덴동산에서 아담과 하와는 낙원을 관리하는 일을 했지만 하느님이 만든 식물과 동물들에게 이름을 지어준 것은 다름 아닌 아담과 하와였어요. 선악과를 먹으면서 아담과 하와의 정신은 눈을 떴어요. 이때부터 인간은 하느님과 마찬가지로 수치심과 선악을 분별하는 지혜, 자의식을 갖게 되었어요. 비록 하느님에 의해 에덴동산에서 쫓겨났지만 인간은 여전히 만물과 다른 비범한 능력을 갖고 있었어요. 인간은 스스로 일을 해서 살아갔고 자신의 행위를 통해 과거에 지은 죄를 뉘우쳤어요.

그럼 이제 창조주 하느님이 인간을 만들었다는 설을 정리해 볼까요? 이것은 인간 스스로 자신의 형상, 행위, 언어를 가지고 더 위대한 존재를 만들어 낸 것에 불과해요. 그러므로 하느님이 인간을 만들었다기보다 인간이 하느님을 창조했다고 볼 수 있겠지요.

인간은
자연의 산물

헤라클레이토스가
깊은 생각에 잠겨
있어요. 그는 "같은
강물에 두 번 들어
갈 수는 없다."는
명언을 남겼어요.

인간이 자연의 산물이라는 설은 오래전부터 제기
되었어요. 자연발생설은 창조주 등 초자연적인 존
재가 인류를 창조했다는 창조론과 대립되는 이론
이에요. 다시 말해, 인류가 보이지 않는 허상의 세
계에서 창조된 것이 아니라 현실 세계인 자연계에
서 일어나는 진화, 자연 요소의 자발적인 결합으로
발생했다고 주장하고 있어요.

초기 자연철학자는 신비로운 자연에 대해 경외
감을 느꼈어요. 그래서 세상사를 변화무쌍한 자연
계에 대입해 이해하려 했지요. 그들은 만물이 어떤 물질에서 발생했고
물질로 이루어져 있으며, 인간도 마찬가지라고 보았어요.

고대 그리스 철학자 탈레스는 만물의 근원이 물이라고 생각했어요. 그는 물이 만물을 만들었으며 만물은 다시 물로 돌아간다고 했어요. 탈레스의 제자 아낙시만드로스(Anaximandros, BC 610~BC 546)는 스승과 달리 '공기'를 만물의 근원으로 보았어요. 하지만 얼마 지나지 않아 등장한 헤라클레이토스(Herakleitos, BC 540~BC 480)는 세계는 영원히 살아있는 불이며 불이야말로 만물의 근원이라고 주장했어요.

물, 공기 그리고 불은 모두 직관적인 사물이에요. 그리스의 자연철학자들은 물, 공기, 불 등이 만물의 근원이고 사람 역시 자연의 일부분이라고 여겼어요. 사람이 자연성과 물질성을 갖고 있다는 생각은 여기에서 비롯되었어요. 이런 여러 가지 형태의 고대 그리스 원시유물론은 이후 데모크리토스의 원자설을 통해 체계적으로 다듬어졌어요.

데모크리토스(Democritos, BC 460~BC 360)는 만물은 원자로 만들어졌다고 생각했어요. 원자는 너무나 작아서 더 이상 쪼갤 수 없는 물질의 입자를 말해요. 그는 사람의 영혼과 육체도 이런 입자로 구성되어 있다고 생각했어요. 다만 영혼을 구성하는 원자가 육체를 구성하는 원자보다 미세하고 둥글둥글하다는 차이가 있을 뿐이었지요. 바로 그 때문에 영혼이 육체의 구석구석에 닿아 생기를 불어 넣어줄 수 있는 것이라고 보았어요.

데모크리토스의 원자설은 고대 그리스 자연철학의 결정판이라고 할 수 있어요. 그는 고대 유물론에 입각해 인간 자연발생설에 대한 논거를 마련해주었어요.

고대 그리스 철학자 탈레스는 대지가 물 위에 떠 있다고 생각했어요.

탈레스(Thales, BC 624~BC 547)는 고대 그리스 최초의 철학자로 밀레토스의 귀족 출신이에요. 그는 아테네의 올리브 풍작을 예측하고 모든 올리브유 압착기의 사용 권리를 사들였어요. 이듬해 그의 예측이 맞아떨어져 결국 탈레스는 압착기를 임대해 큰돈을 벌었어요.

코페르니쿠스
(Nicolaus
Copernicus,
1473~1543)

근대 들어 코페르니쿠스가 주장한 천동설은 중세신학이 자연과학에 채워놓은 족쇄를 끊어버리고 제1차 과학혁명을 일으켰어요. 갈릴레이(Galileo Galilei, 1564~1642)는 자신이 발명한 망원경으로 천체를 관측해 그동안 감춰져 있던 우주의 비밀을 알려주었으며, 뉴턴(Isaac Newton, 1642~1727)은 만유인력을 발견하고 고전역학의 체계를 세워 물체의 객관적인 운동법칙에 대해 설명했어요. 하비(William Harvey, 1578~1657)는 동물과 인류의 혈액순환 원리를 발견했고, 훅(Robert Hooke, 1635~1703)은 현미경을 발명해 최초로 세포의 구조를 밝혀냈어요.

획기적인 과학적 발견들이 쏟아져 나오면서 그동안 인류를 괴롭혔던 수많은 의혹들도 하나씩 풀리기 시작했어요. 예를 들어 사람들은 상처에서 피가 나는 이유는 하느님이 피를 흘리도록 한 것이 아니라 혈관이 파열되었기 때문이라는 사실을 알게 되었어요. 이처럼 무지에서 비롯된 과학의 비밀이 베일을 벗기 시작하면서 사람들은 인간이 자연적으로 발생했다는 유물론적 사고를 받아들이게 되었어요.

독일 철학자 헤르더(J. G. Herder, 1744~1803)는 "자연은 만물을 통해 자신의 존재와 활동을 드러낸다. 자연의 힘이 최고조에 달했을 때 창조한 것이 바로 인간이다."라고 말했어요.

사회계약설을 주장한 17세기 영국의 유명한 유물론자 홉스(Thomas Hobbes, 1588~1679)에 따르면 인간은 자연이 창조해 낸 완벽한 피조물이에요. 그는 국가가 출현하기 전을 일종의 '자연 상태'라고 가정하고, 이 때 인간은 늑대처럼 자연스러운 욕망의 지배를 받았다고 보았어요. 홉스는 인간이 보이지 않는 존재에 대한 두려움 때문에 신을 믿는 것이라고 생각했어요. 그에 따르면 신은 결코 존재하지 않으며 어려서부터 부모들이 강요해서 믿도록 만든 것에 불과해요. 홉스는 신이 존재하지 않는다는 사실을 증명하기 위한 가장 좋은 방법은 바로 자연을 알아가는 것이라고 했어요.

그 밖에도 수많은 사람들이 '인간은 자연의 산물'이라고 주장했어요. 예를 들면 19세기 인류학자와 생물학자 중 프랑스의 라마르크, 영국의 헉슬리와 다윈이 있어요. 그들은 오랜 시간 열심히 연구했어요. 마침내 과학적으로 인간의 기원에 관한 자연진화론과 자연발생론을 증명할 엄청나게 많은 자료를 수집했답니다.

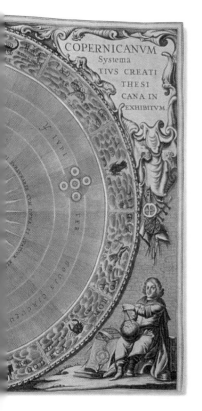

근대 천문학의 아버지 코페르니쿠스는 태양계의 중심은 지구가 아니라 태양이라고 생각했어요.

1809년, 프랑스의 진화론자인 라마르크(J. Lamarck, 1744~1829)는 생물이 살아있는 동안 환경에 적응하고자 획득한 형질이 다음 세대에 유전되어 진화가 일어난다는 용불용설을 주장했어요. 그는 《동물철학》이라는 책을 출판했는데, 이 책에서 그는 단순한 생명체가 진화해서 복잡한 개체가 되었고 유인원이 진화해서 인간이 되었다고 주장했어요. 하지만 안타깝게도 그는 자신의 주장을 입증할 명확한 근거를 제시하지 못했어요.

뒤이어 헉슬리(Thomas H. Huxley, 1825~1895. 영국의 생물학자이자 진화론자)는 《자연 속에서 인간의 위치》라는 책에서 비교해부학과 발생학 분야의 과학적 근거를 제시해 진화론을 설명했어요. 그는 인간과 원숭이의 관계를 설명하고 인간이 유인원에 가까운 포유동물이므로 인간과 원숭이의 조상이 같다는 이론을 제시했어요.

다윈(Charles Darwin, 1809~1882. 대표적 진화론자. 자연선택론 주장)은 앞선 과학자들의 이론을 집대성하고 자신의 오랜 연구 결과를 보태 체계적이고 과학적인 '생물진화론'을 발표했어요.

다윈

1859년, 다윈의 유명한 저서 《종의 기원》이 세상에 모습을 드러냈어요. 그는 많은 실험과 관찰을 통해 방대한 분량의 자료를 수집했어요. 그리고 이를 바탕으로 모든 종이 진화의 과정을 거친다는 진화론을 입증했어요. 그에 따르면 어떤 종이 발생하고 환경에 적응할 수 있는지 여부는 자연선택에 달려있어요. 생물이 자연환경에 적응하기 위해 스스로 변하고 서로 치열한 경쟁을 벌여 최종적으로 적응에 성공한 종은 살아남지만 그렇지 못한 종은 없어진다는 뜻이에요. 생물은 끊임없이 새로운 환경에 적응하면서 하등생물에서 고등생물로 진화하게 돼요.

1871년, 다윈은 《인간의 유래와 성 선택》이라는 책을 발표했어요. 그는 이 책에서 인류의 기원에 대해 아주 깜짝 놀랄만한 답을 내놓았어요. 다윈은 '자연선택론'을 주장했어요. 그는 인간이 유인원에서 진화했으며 인간의 조상은 온 몸이 수북한 털로 덮여 있고 뾰족한 귀를 가진 원숭이라고 주장했어요.

기후가 변하고 지각 운동이 활발히 일어나며 삼림이 감소하는 악조건 속에서 치열한 생존 경쟁까지 벌여야 했던 유인원은 어쩔 수 없이 삶의 방식을 바꿔야만 했어요. 숲을 떠나 초원으로 삶의 터전을 옮긴 유인원은 다시 평지로 옮겨 갔어요. 평지에서의 삶은 나무 위에서 사는 것보다 훨씬 힘들고 괴로웠어요. 먹을 것을 구하기도 어려웠고 수시로 적의 침입을 받아야 했어요. 이런 상황에서 유인원은 두 팔과 두 다리를 모두 사용해서 걷는 데서 두 다리만으로 걷는 직립보행을 시작했어요. 그리고 채집을 통해 먹을 것을 구하던 소극적인 방식을 버리고 적극적으로 수렵과 농경을 시작했어요.

그렇지만 다윈의 진화론도 완벽하지는 않았어요. 그는 사람이 두 손을 사용하고 직립보행하고 동물과 다른 치아를 갖게 된 것이 모두 자연이 선택한 결과라고 말했어요. 그런데 그가 생각하지 않은 것이 있어요. 사람과 동물의 본질적인 차이를 고려하지 않은 거지요. 심지어 다윈은 사람의 지혜, 감정, 언어, 습관, 가치관마저도 진화 과정에서 자연선택된 것이라고 생각했어요.

조지 스텁스(George Stubbs, 1724-1806)의 〈말을 공격하는 사자〉는 약육강식의 세계를 그리고 있어요.

다윈과 같은 진화론자들은 사람과 동물의 진화 정도가 다르다는 점은 인식했지만 사람과 동물 사이에 '종의 차이'가 있다는 것은 생각하지 못했어요. 원숭이가 어떻게 사람으로 진화했는지 처럼 중요한 문제도 풀지 못했어요.

하지만 진화론은 인간의 기원이 무엇인지를 연구하는 데 많은 기여를 했어요. 종교에서처럼 하느님이 사람을 만들었다고 하지 않고 과학을 바탕으로 인간의 기원을 분석했으니까요. 진화론자들은 사람의 기원에 대한 연구를 과학의 영역으로 끌어들인 일등공신이에요.

다윈 등이 주장한 진화론은 뒤이어 출현한 고생물학자들이 좀 더 깊은 연구를 할 수 있도록 해줬어요. 고생물학자들은 화석 연구 결과를 바탕으로 유인원이 수백만 년 동안 끊임없이 진화해 인간이 탄생했다는 이론을 발표했어요. 이 이론은 발생학, 비교해부학, 생물학 등 다른 자연과학 분야의 근거를 흡수해 심화 발전한 결과, 오늘날 널리 알려진 지구생물의 진화도를 만들어 냈어요. 즉, 무척추동물 → 척추동물 → 포유동물 → 영장류동물 → 유인원 → 인간으로의 진화관계를 알아냈어요.

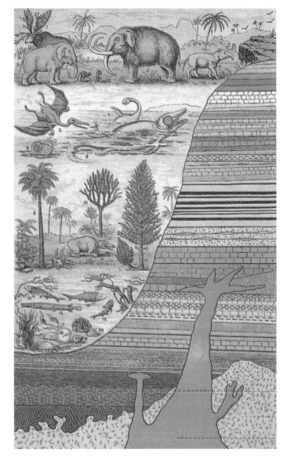

독일 가치관론의 대표적 철학자 셸링(Schelling, 1775~1854)은 자연은 끊임없이 변한다고 생각했어요. 다윈보다도 앞서 진화론을 생각한 거나 다름없지요.

인간은
노동의 산물

유인원이 진화해 인간이 되었다는 주장을 뒷받침해주는 발견이 계속 나타나자 사람들은 서서히 유인원을 조상으로 받아들이게 되었어요. 그러나 다윈의 진화론은 하등동물에서 고등동물로, 유인원에서 사람으로 진화했다고 주장했지만 인간이 어떻게 생겨났는지를 모두 밝혀 내지는 못했어요.

유인원이 어떻게 사람으로 진화했어요? 어떤 원인과 조건이 그렇게 만들었어요? 다윈은 이런 질문에는 침묵으로 답했어요.

엥겔스의 〈원숭이가 인간으로 진화하는 과정에서 노동이 한 역할〉이라는 논문에 보면 이런 말이 나와요.

"노동은 모든 인간 생활의 첫 번째 조건이다. 그리고 인간이 이미 지금과 같은 발전을 이룬 상황에서 우리는 '노동이 인간을 창조했다'라는 사실을 인정할 수밖에 없다."

공산국제 2차 대표
회의에 참석한 마르
크스

엥겔스는 노동이야말로 원숭이에서 인간으로 진화하는 데 결정적인
역할을 했다고 말했어요.

그렇다면 노동이란 무엇인가요? 노동은 인간이 필요한 것을 얻기 위
해 어떤 수단을 동원해 외부 환경과 대상을 바꾸는 활동을 일컫는 말이
에요. 노동은 목적이 있는 활동이에요. 목적은 끊임없이 인간의 욕구
를 충족시키는 것을 말하지요. 우리는 동물이 노동을 한다고 말하지 않
아요. 동물의 모든 활동은 본능에 의한 것이고
자의식이 없기 때문이에요. 동물은 제어할
수 없는 내재적 충동에 따라 행동해요.
그렇기 때문에 자신이 무슨 행동을 하고
있는지, 왜 하는지 그리고 무엇을 해야
하는지 죽을 때까지 깨닫지 못해요.

꿀벌이 만든 벌집을 본 적이 있나요? 어

오스트랄로피테쿠스

원인(猿人)

찌나 정교하게 만들었는지 그 기술에 감탄이 나올 거예요. 심지어 최고의 건축사마저도 벌집의 신비로움에 감탄할 정도예요. 하지만 벌집은 아무리 세월이 흘러도 절대로 육각형을 벗어날 수 없어요. 꿀벌은 육각형이 아닌 다른 집은 짓지 못하거든요.

인간이 스스로에게 자긍심을 갖고 있는 것도 바로 이 때문이에요. 우리는 자기가 좋아하는 대로, 또 필요한 대로 다양한 모양의 집을 지을 수 있잖아요.

인간의 모든 노동 활동 중에서 도구를 제작했다는 사실은 엄청난 의미를 담고 있어요. 인간이 처음으로 도구를 만든 날 노동이 시작되었다고 할 수 있으니까요. 만들어 낸 도구가 강할수록 인간의 노동 능력도 강해졌어요.

노동의 대상은 헤아릴 수 없이 많아요. 인간의 힘으로 바꿀 수 있는 것이라면 모

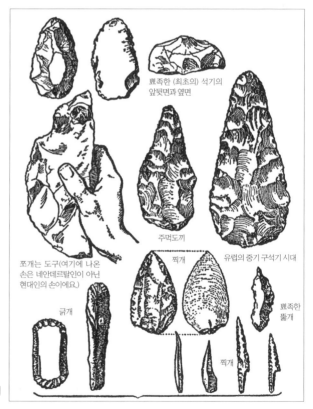

뾰족한 (최초의) 석기의
앞뒷면과 옆면

주먹도끼

유럽의 중기 구석기 시대

쪼개는 도구(여기에 나온
손은 네안데르탈인이 아닌
현대인의 손이에요.)

긁개

찍개

찍개

뾰족한
뚫개

구석기시대의 석기

두 노동의 대상이라고 볼 수 있어요. 그렇
게 본다면 하늘뿐만 아니라 땅에 있는
모든 것, 즉 땅, 돌, 나무 등 자연물
은 물론이고 인간마저도 노동의 대
상인 셈이지요.

불을 사용하는 원
시인

노동은 약 200~300만 년 전부터
시작되었다고 전해져요. 바로 이 때 원
숭이에서 인간으로의 진화가 일어났어요. 구
체적으로 말하자면 원인猿人, 고인古人 그리고 신인新人

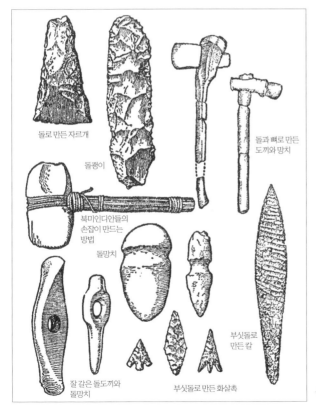

돌로 만든 자르개

돌괭이

돌과 뼈로 만든
도끼와 망치

북미인디안들의
손잡이 만드는
방법

돌망치

잘 갈은 돌도끼와
돌망치

부싯돌로 만든 화살촉

부싯돌로
만든 칼

신석기시대의 도구

을 거쳐 오늘날의 인
간으로 진화했어요.
그렇다면 원숭이에
서 인간으로 진화하
는 과정에서 노동이
어떤 결정적 역할을
했다는 말일까요?

진화과정에서 노
동은 유인원의 신체
기능을 지금의 인간
과 같은 상태로 변화
시켰어요. 선사시대

대원커우문화(大汶口文化, 중국 신석기시대 후기의 문화) 시기의 꽃무늬토기

유인원들은 숲 속에서 생활했어요. 그들은 앞발(손)을 이용해 과일을 따거나 나무에 올랐고 뒷발(발)로 몸을 지탱했어요. 이때부터 손과 발을 따로 사용하기 시작한 셈이에요. 시간이 흘러 지각과 기후에 엄청난 변화가 발생하면서 숲이 점점 줄어들었어요. 일부 유인원은 먹을 것을 찾아 초원과 동굴로 이동했어요.

유인원은 우연한 기회를 통해 돌로 적을 쫓을 수 있고 나무 막대기로 과일을 딸 수도 있고 불을 이용해 음식을 굽거나 추위를 피할 수 있다는 사실을 알게 되었어요. 그때부터 돌과 나무 막대기, 불 등 자연의 도구를 사용하기 시작했어요. 그러나 우연히 자연 도구를 이용하는 방법을 알게 되어 이를 활용했다고 해서 진정한 노동이라고 할 수는 없어요. 엄밀히 말하면 노동으로 발달하기 직전의 상태라고 봐야 해요.

우연히 도구를 사용하는 방법을 알게 된 유인원은 그 후 수시로 도구를 사용하기 시작했어요. 시간이 갈수록 더 자주 도구를 사용했고 점점 더 광범위한 분야에서 다양한 방식으로 사용했어요. 앞발을 이용해 도구를 사용하게 되면서 자연히 뒷발만으로 몸을 지탱하게 되었어요. 자세가 바뀌면서 유인원은 앞발을 비교적 자유롭게 사용하게 되었고 뒷발과 허리를 펴고 직립보행을 하기 시작했어요. 뒷발의 쓰임새가 바뀌면서 앞발도 이제 완전한 자유를 얻게 되었어요. 직립보행을 통해 시야가 확장되면서 두뇌도 발달했어요. 이렇게 해서 단순하지만 이성적 사고를 하고 자의식도 가진 인간으로 발전해 갔어요.

그럼 도구를 만드는 방법은 어떻게 알았을까요? 답은 그다지 어렵지 않아요. 바로 경험이에요. 유인원은 오랫동안 자연 도구를 사용하면서 자연스럽게 도구 만드는 방법을 깨우치게 되었어요. 초기 원인猿人은 식물의 뿌리를 팔 때는 뾰족한 나무 막대기가 필요하고 사냥을 하고 나서는 동물의 가죽을 벗겨내고 뼈와 살을 바를 날카로운 돌 조각이 필요하다는 사실을 알게 되었어요. 하지만 자연에서는 아무리 찾아도 그런 도구를 찾을 수 없었어요. 해결책을 몰라 난감하던 유인원은 우연히 큰 돌덩어리가 깨지면서 날카로운 파편이 튀는 장면을 목격했어요. 여기서 영감을 얻은 유인원은 돌로 돌을 쳐서 새로운 도구를 만들기 시작했어요.

도구를 만들기 시작하면서 진정한 의미의 노동이 시작되었어요. 또한 원숭이에서 인간으로의 본질적인 변화가 발생했고 그 결과 마침내 인간이 탄생했어요. 주먹 도끼, 자르개 등 수많은 도구를 만들고 나무를 마찰시켜 불을 피우면서 원인猿人의 신체기능에 커다란 변화가 생겼어요.

도구를 만들면서 유인원은 점점 더 안정적인 자세로 직립보행을 하게 되었고 인간과 같은 손을 갖게 되었어요. 또한 도구를 제작하고 사용하면서 갈수록 더 복잡한 도구를 만들고 더 다양한 활동을 하기 시작했어요. 불편함 없이 손을 사용할 줄 알게 되었고 손바닥도 더 단단해졌어요. 후기 원인猿人은 이미 현생 인류와 비슷한 신체 조건을 갖추고 똑바로 직립보행을 할 정도로 진화했어요.

동물이 소극적으로 자연에 순응했다면 인간은 필요에 의해 적극적

신석기 시대의 토기

으로 자연을 바꿔나갔어요. 이것이 인간과 동물의 근본적인 차이에요. 인간은 동물과 달리 스스로 생각하고 능동적으로 행동해요. 그럴 수 있도록 만들어준 것이 바로 노동이에요.

인간의 두뇌는 의식을 담당하는 기관이에요. 그러므로 두뇌의 발달은 의식의 형성에 직접적인 영향을 미쳤어요. 네 발로 기어 다니던 원인猿人이 두 발로 직립보행을 하면서 손이 생겼어요. 새로 생긴 손으로 도구를 이용하면서 팔 다리가 길어져 감각기관의 기능이 확대되었어요. 그리고 머리를 들고 다니면서부터 더 많은 것을 보고 들을 수 있게 되었어요. 그리고 이 모든 변화가 대뇌를 강하게 자극한 결과 인간의 두뇌는 비약적으로 발달했어요.

도구 만드는 법을 깨우친 원인猿人은 뼈와 같은 새로운 재료로 도구를 만들기 시작했어요. 도구를 만드는 것부터 도구를 이용해 노동을 하는 것까지 손과 머리를 쓰지 않는 곳이 없었어요. 이 역시 두뇌가 발달하는 데 큰 도움을 주었어요.

유인원들은 갈수록 많은 것을 할 줄 알게 되었고 다양한 경험을 쌓게 됐어요. 예를 들어 유인원은 돌멩이끼리 부딪히면 불꽃이 튄다는 사실을 발견하고는 불을 피우는 방법을 깨우쳤어요. 불을 피우면 동물들이 무서워서 가까이 오지 않는다는 사실을 안 다음부터는 동굴 앞에 불을 피워 맹수의 침입을 막았어요. 또 불을 피웠던 곳의 진흙이 부드러워졌다가 딱딱하게 변하는 것을 보고 진흙으로 토기를 구울 생각까지 하게 됐어요.

자연을 개조하는 노동을 통해 반복적으로 자극을 받은 대뇌는 생각하는 법과 자발적으로 행동하는 법을 깨우치게 됐어요.

언어는 외부 세계를 반영하는 기호체계로 생각을 표현하고 경험을 나누는 도구예요. 언어를 통한 의사표현과 교류는 인간의 '사고'를 더 높은 수준으로 끌어 올렸어요. 그리고 노동은 바로 그 언어기관과 언어의식을 발전시켰지요.

예를 들어 볼게요. 노동은 손과 발의 기능을 나누고 직립보행을 가능하게 했어요. 직립보행을 하면서 폐와 후두에 가해지던 압박이 사라져 발음기관이 제 기능을 다 할 수 있게 되었어요. 다시 말해 이제는 모든 음을 정확하게 하나하나 발음할 수 있게 된 거예요. 뿐만 아니라 노동을 하면서 폐활량도 늘어난 덕분에 말할 때 한결 수월하게 숨을 쉴 수 있게 되었어요.

또한 노동 활동이 복잡해지면서 무리 구성원끼리의 소통, 의사표현, 경험 교류가 갈수록 더 중요해졌어요. 구성원끼리 소통을 하기 위해서는 언어가 반드시 필요했어요. 그러니까 인간이 추상적이고 개괄적인 어휘로 현실세계를 인식하고 표현할 수 있게 된 데는 노동의 역

중국 원시 인류가 만든 집 모양 토기

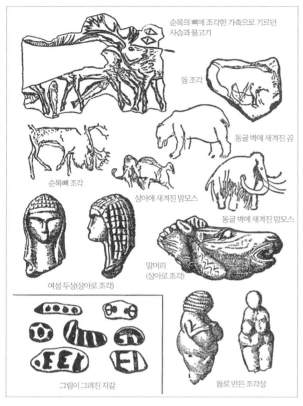

순록의 뼈에 조각한 가축으로 기르던 사슴과 물고기

돌 조각

동굴 벽에 새겨진 곰

순록뼈 조각

상아에 새겨진 맘모스

동굴 벽에 새겨진 맘모스

말머리 (상아로 조각)

여성 두상(상아로 조각)

그림이 그려진 자갈

돌로 만든 조각상

구석기시대의 조각

할이 컸다고 볼 수 있어요.

인간은 한꺼번에 쏟아지는 엄청난 양의 정보를 빠른 시간 안에 처리해야 했어요. 그래서 두뇌는 인식하고 기억하고 가공하고 재창조하는 작업을 쉴 틈 없이 반복했어요. 이 과정에서 대뇌피질에 유입되는 정보에 대해서 언어기호로 사고하는 부분이 만들어졌어요. 그 후 사고와 의식이 점진적으로 발달해 원숭이와는 본질적으로 다른 신인류가 탄생하게 된 것이랍니다.

이제 핵심내용을 정리해 볼게요. 노동은 유인원이 생리적으로 현생인류와 비슷한 조건을 갖추고 생각할 줄 아는 인간이 되는 데 결정적인 역할을 했어요. 육체적인 진화와 정신적인 진화는 노동을 통해 상호 영향을 주고받으며 이루어졌어요.

여기서 한 가지, 원숭이에서 인간으로 진화하는 동안 경험한 노동은 처음부터 끝까지, 단순한 것부터 복잡한 것까지 모두 사회 안에서 이루어졌다는 사실을 잊어서는 안돼요. 다시 말해 집단 노동을 통해 유인원이 진화했다는 말이에요.

마르크스는 이렇게 말했어요. "인간처럼 아무런 무기도 가지고 있지 않은 동물이 진화과정 중 동물적 상태에서 벗어나 자연계에서 가장 위대한 진전을 이루기 위해서 꼭 필요한 요소가 있다. 그것은 개인의 부족한 방어능력을 보완할 수 있는 집단의 단결력과 단체 행동이다."

노동은 사회적인 활동이에요. 그렇기 때문에 노동의 산물인 인간도 모든 면에서 사회성을 갖고 있어요. 언어, 가치관부터 사고방식까지 인간이 가진 모든 것은 집단 노동의 결과물이라고 할 수 있어요. 사회 구성원끼리 함께 노동하는 과정에서 생겨난 이 모든 것은 또한 구성원들이 함께 노동하는 과정에서 밖으로 표출되지요.

과학적
가설

인간은 창조주가 만든 존재가 아니라 원숭이에서 진화했다는 이론이
점점 기정사실로 받아들여지고 있어요. 그렇다면 이제 인간의 기원에
관한 수수께끼가 완전히 풀린 걸까요? 앞으로는 더 이상 누가 인간을
만들었는지, 인간이 어디에서 왔는지를 묻지 않아도 되는 거예요?

물론 그렇지 않아요. 인간의 기원에 관한 문제는 먼 옛날로 거슬러
올라가요. 현존하는 모든 학설은 한정된 자료를 바탕으로 만들어낸
'가설'에 지나지 않아요. 무엇이 정답이라고 장담할 수 없다는 뜻이에
요. 그러므로 인간의 기원 문제는 앞으로도 꾸준히 탐구해야 할 인류의
영원한 숙제라고 할 수 있어요.

어느 날, 중국의 고고학자들은 중국 청해성 남부의 바엔카라巴顔喀拉
산에서 평범해 보이는 동굴 하나를 발견했어요. 하지만 놀랍게도 그 안
에서는 각양각색의 상형기호가 새겨진 700여 개의 석판이 나왔어요.

석판을 해석해보니 전설 속의 터뤄바特羅巴족이 다른 행성에서 우주선을 타고 왔다가 불시착하는 바람에 동굴 속에 숨어 살았다는 내용이었어요.

중국 고대의 갑골문

　이런 불가사의한 일은 이집트에서도 있었어요. 한 피라미드를 탐사하던 과학자들은 그 안에서 10살가량 된 남자아이의 미라를 발견했어요. 그런데 그것은 평범한 미라가 아니었어요. 남자아이의 가슴에서 1980년대에 제작된 것과 비슷한 인공심장이 발견되었거든요.

　이와 비슷한 사례들은 이미 현대인의 지식 범주를 넘어섰을 뿐만 아니라 기존의 진화론과도 정면으로 충돌하고 있어요. 게다가 최근 들어 눈부시게 발전한 생명공학과 우주과학 등 자연과학 분야에서 끊임없이 놀라운 발견들이 이어지고 있어요. 이 때문에 사람들은 수수께끼를 풀었다는 사실에 웃어야 할지 아니면 새로운 수수께끼의 출현에 울어야 할지 갈피를 못 잡게 되었어요. 하지만 그 덕분에 전혀 새로운 시각에서 인간의 기원을 파헤친 가설들이 제기되었으니 전화위복으로 봐야겠지요?

첫 번째 가설 : 인간의 조상은 원숭이가 아니다

다윈의 진화론에 따르면 인간은 유인원에서 진화했어요. 그는 진화론을 주장하면서 몇 가지 전제조건을 제시했어요. 그 중에 하나는 기후가 갑자기 변화해 삼림이 파괴되자 삶의 터전을 잃은 유인원이 어쩔 수 없이 평지로 옮겨오면서 진화가 시작되었다는 거예요. 오래전부터

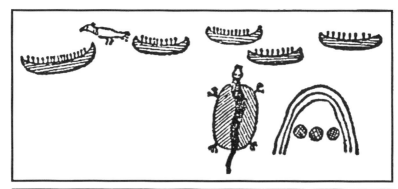

인디언의 상형문자

동아프리카 대열곡 자연환경의 변화는 인류 진화의 증거로 받아들여졌어요.

하지만 최근 이 학설을 뒤집을 연구결과가 발표됐어요. 미국 예일대학의 킹스톤 고고학팀은 동아프리카지역을 시찰하고 케냐 대열곡 투겐(Tugen) 구릉지의 탄소동위원소를 검사한 결과, 1550만 년 전 이후로 대열곡의 열대우림과 초원의 구성이 전혀 달라지지 않았다는 사실을 발견했어요. 다시 말해 기후가 갑작스럽게 변하지 않았다는 뜻이지요.

진화론에서 근거 자료로 활용하는 것은 유인원의 화석이에요. 하지만 과학자들이 찾아내는 화석은 대개가 뼛조각 아니면 한두 군데 뼈에 불과해요. 조그만 뼛조각으로 수백만 년에 달하는 진화과정을 유추해야 하는데 그 뼈가 인간의 것인지, 유인원의 것인지 혹은 아예 다른 동물의 뼈인지 어떻게 구분할 수 있을까요?

그렇기 때문에 진화론이 진리라고 확신할 수 없는 거예요. 진화론자였던 헉슬리조차도 "인간이 원숭이에서 바로 진화했을 리는 없다. 왜냐하면 원숭이와 인간 화석 사이에는 엄청난 공백기가 존재하기 때문이다."라고 말했어요. 현재까지 제시된 고고학적 증거에 따르면 4만 년 전 신인류가 출현했다고 해요. 하지만 그 후 4만년이 흘러 지금에 이르기까지 그 사실을 증명할 화석은 발견되지 않았어요.

원숭이로부터 진화해 지금의 인간이 되었다는 진화론이 증거부

고대 그리스 알파벳

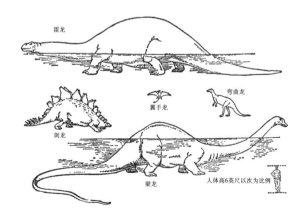

공룡과 인간의 크기 비교

족으로 의심을 받는 상황에서 인간이 원숭이가 아닌 다른 동물로부터 진화해 나온 종이라는 주장이 제기되었어요. 게다가 이를 뒷받침할 화석, 인종, 자연환경 등의 증거도 발견되었어요.

유인원의 두개골

파리대학의 라탄박사는 아프리카 콩고의 원시림에서 특이한 종족을 발견했어요. 척추뼈가 등 위로 솟아 있는 모습이 육식공룡과 매우 닮아있는 종족이었어요. 이를 근거로 그는 인간이 '공룡'에서 진화했다는 가설을 제시했어요.

또 다른 가설도 있어요. 1968년, 미국의 한 수중촬영기사는 바다 속에서 괴생명체를 촬영하는 데 성공했어요. 그것은 얼굴은 원숭이처럼 생겼고 목은 사람보다 네 배나 길었으며 사람과 닮긴 했으나 훨씬 큰 눈을 가지고 있었어요. 어떤 사람은 이를 바탕으로 해양생물이 진화해 지금의 인간이 되었다는 가설을 제시하기도 했어요.

두 번째 가설 : 인간은 외계인의 후손이다

최근 서양에서는 새로운 가설이 제기되고 있어요. 바로 인간이 외계인의 후손이라는 것이에요. 마티스라는 과학자가 이 이론의 대표주자예요.

어느 날, 우연히 독특한 두개골을 발견한 마티스는 그 두개골의 주인이 인간과는 비교할 수조차 없는 지능을 가진 사람이라고 주장했어요. 그는 두개골이 외계인의 것이라고 생각해 인간의 조상이 외계인이라는 가설을 세웠어요. 마티스에 따르면 약 5만 년 전, 지구에 온 외계인들이 암컷원숭이와의 사이에서 인간을 낳았다고 해요.

또 다른 예도 있어요. 오스트레일리아 퀸즈랜드 대학의 필립파(Philippa Uwins) 박사는 오스트레일리아 서해안 해저 밑 수 마일 부근에서 암석의 샘플을 채취하던 중, 직경이 20나노미터에 불과한 미세한 생명체를 발견했어요. 잠이 든 상태로 발견된 생명체에는 '나노미생물(nanobes)' 이라는 이름이 붙여졌어요.

이 나노미생물에게 먹이를 주고 상온 상태에 두자 놀랍게도 실처럼 가는 생물이 자라났어요. 생물이 자랐다는 것은 이 조그만 생명체도 유전자를 갖고 있다는 뜻이었어요. 더욱 놀라운 것은 화성 운석을 조사한 결과, 운석 안의 나노화석에도 나노미생물과 비슷한 흔적이 남아있었다는 사실이에요.

이는 우주 어딘가에 나노미생물보다 더 큰 생물이 존재할 수도 있다는 사실을 말해주고 있어요. 이 이론에 찬성하는 과학자들은 이렇게 주장하고 있어요. 나노미생물은 소행성이 행성에 부딪히면서 깨어진 암석조각에 붙어 있다가 천신만고 끝에 지구에 도착했어요. 지구에 떨어진 나노미생물은 일단 긴 세월동안 지구 환경에 적응한 다음 지구를 점령하고 우리가 현재 알고 있는 다양한 생명체로 진화했어요.

1982년, 프랑스 출신의 라엘(Claude Vorilhon Rael, '라엘리언 무브먼트'라는 종교 조직 창설자)은 자신이 겪은 신비한 경험을 바탕으로 새로운 이론을 제기했어요. 라엘은 외계인이 보낸 텔레파시를 듣고 클레몽 페랑

근처에 있는 화산에서 외계인을 만났다고 말했어요. 뒤이어 그를 따라 외계인의 행성에 간 라엘은 배양된 세포로 인간을 복제하는 광경을 봤지요. 외계인이 배양한 세포는 생명에 필요한 모든 요소를 제공해 주었어요. 외계인들은 그런 방식으로 사람을 복제해 완성된 사람을 지구로 보냈어요. 그렇기 때문에 지구상에 존재하는 모든 생물은 외계인이 세포복제를 통해 만든 것이에요.

세 번째 가설 : 유전자 조작설

20세기 들어 생명공학 분야에서는 날마다 새로운 성과가 쏟아져 나왔어요. 인공장기이식술도 그 중에 하나예요. 이 기술의 발견은 인공수정, 시험관 아기, 인공자궁을 통해 무성생식도 가능하다는 사실을 말해주었어요. 마치 공장에서 물건을 찍어내듯이 생명체도 만들어낼 수 있다는 거지요. 이 사실을 깨달은 인간들은 몹시 혼란스러웠어요. 사람도 자연 진화로 탄생한 생명체가 아니라 기술 발달로 만들어낸 제품일지도 모른다는 의구심을 품게 되었거든요.

　1996년 영국 과학자들은 '돌리'라는 이름의 양을 성공적으로 복제해냈어요. 그들은 먼저 암양의 젖샘 세포의 유전자를 추출해 핵을 제거한 다른 양의 난세포에 수정시켰어요. 그 상태로 며칠 동안 배양한 다음 마지막으로 대리모 자궁에 착상시켰어요. 세계 최초의 복제양 돌리는 핵을 제공한 모체와 동일한 유전정보를 갖고 있어요. 그러니까 두 마리 양이 완벽하게 일치한다고 볼 수 있지요.

　동물을 생각대로 만들어 낼 수 있다면 사람이라고 다르겠어요? 기술

과학의 발달로 사람들은 무한한 자신감을 갖게 되었어요. 기술만능주의자들은 사람도 공산품과 다를 바 없이 생산라인에서 대량으로 찍어낼 수 있다고 생각했어요.

거울을 들여다보고 있는 그리스 여성. 인간의 기원에 대한 고민은 시공을 초월해 존재해 왔어요.

적인 부분만 놓고 보자면 사람도 당연히 만들어 낼 수 있어요. 유전자기술과 현대 유전학 수준은 인간을 만들고도 남거든요. 인간은 자신의 생각대로 생명공학기술을 이용해 유전자를 분리, 절단, 재조합, 결합시켜 다른 세포에 이식할 수 있는 능력을 갖게 되었어요. 이식이 성공적으로 끝나면 인공배양을 통해 새로운 생명체를 창조할 수도 있게 된 셈이지요.

현재 미국이 앞장서 추진한 게놈 프로젝트가 이미 완성되었어요. 이제 인간 유전자 지도가 완성되었으니 앞으로는 인간의 생리적 특성을 결정 짓는 모든 유전자 정보를 한눈에 파악할 수 있게 되었어요. 만약 복제기술, 이식기술, 인간 게놈 프로젝트를 서로 결합시키기만 한다면 인간을 만들어 내는 것도 더 이상 꿈이 아니에요. 어디 그뿐이겠어요? 공장에서 제품을 생산하듯 대량으로 생산할 수도 있어요. 그때는 제조업자에게 자신이 원하는 아이의 생김새, 키, 성격 등만 알려주면 원하는 아이를 살 수 있게 돼요.

생명공학이 급속도로 발달하자 사람들의 생각도 점점 변해갔어요. 이제 사람들은 생명체도 별로 신기할 것이 없다고 생각하게 되었어요. 기술만 있으면 만들어 낼 수 있으니까요. 또 다른 새로운 가설은 바로 이런 생각의 전환에서 비롯되었어요. 이를 바탕으로 인간은 먼 옛날 고도로 발달한 과학기술을 가진 외계인에 의해 만들어진 것일지도 모른다는 주장이 제기되었어요.

그들의 주장을 요약하면 다음과 같아요. 인간이 출현하기 훨씬 전, 높은 지능을 가진 외계생명체가 고도로 발달한 기술을 가지고 지구에 왔어요. 그리고 나서 뛰어난 유전자 조작 기술을 이용해 원숭이, 물고기 등에서 유전자를 추출해 분리, 절단, 재조합, 결합 과정을 거쳐 새로운 생명체를 만들어냈어요. 여러 생물의 유전자를 조합한 덕분에 바다생물과 육지생물의 특징을 고루 갖추게 된 이 생명체가 바로 인간이라는 것이지요.

외계인이 인간을 만들었다는 가설 중에는 근거를 바탕으로 추측한 것도 있지만 공상과학소설 같은 추리도 적지 않아요. 하지만 어느 정도 믿을 만한 가설이든 허무맹랑한 추측이든 다른 가설들과 마찬가지로 깊이 생각해볼 가치가 있어요.

마르크스는 "자연과학이 사고思考를 지속하는 한, 가설의 형태로 발전할 것이다."라고 했어요. 그의 말처럼 인간의 과학기술이 발달하고 새로운 고고학적 발견이 이어지면서 인간의 기원에 관한 더 많은 가설이 나올 거예요. 그리고 이렇게 인간의 기원에 대해 끊임없이 새로운 가설을 제기하는 과정에서 인간은 스스로에 대해 더 정확하게 알게 될 거예요.

인간의
본질

인간은 무엇일까요?
영혼과 육체가 충돌해 만들어진 존재일까요?
자유의지를 가진 생명일까요?
밀가루반죽으로 만든 기계일까요?
아니면 사회관계의 총체일까요?

영혼과 육체의
충돌

인간은 무엇일까요? 신화에서는 인간이 창조주가 세상에 만들어 놓은 예술품이라고 해요. 신은 인간에게 육체를 준 다음 생명과 영혼을 주었어요. 모두 알다시피 인간은 살아가면서 종종 고통스러운 상황과 맞닥뜨리게 돼요. 친구의 죽음이나 병든 몸은 견딜 수 없는 슬픔을 안겨주지요. 이처럼 사람의 생사는 육체와 떼려야 뗄 수 없는 관계에 있어요. 만약 육체가 생기를 잃으면 생명의 불꽃도 꺼져버리지요. 하지만 혼자라는 외로움에 빠져 있을 때, 죽은 친구를 애써 떠올리려고 할 때 자기도 모르게 육체 안에 있는 어떤 초감각적인 부분이 깨어남을 느낄 수 있어요. 눈으로 볼 수는 없지만 이것이 바로 영혼이에요.

어떤 사람이 고대 그리스 철학자에서 물었어요. "인간은 무엇인가요?"

철학자가 대답했어요. "인간은 털 없는 두 발 짐승이다."

그 말을 들은 또 다른 한사람이 닭 한 마리를 잡아왔어요. 그는 닭의 털을 몽땅 뽑아 철학자에게 보여주며 물었어요. "그럼 이것도 인간인가요?"

주위에서 구경하던 사람들은 엉뚱한 그의 질문에 대꾸할 말을 찾지 못했어요.

고대 그리스 철학자 플라톤은 처음으로 인간을 육체와 영혼으로 나눈 사람이에요. 아테네 귀족 출신인 플라톤은 소크라테스의 지혜와 미덕을 존경해 그의 추종자가 되었어요.

그는 평생 동안 적극적으로 정치에 참여했고 그리스 최초의 철학 학교인 아카데미아를

플라톤은 사람들이 뒤돌아보지 못하고 앞쪽에 있는 벽만 바라보고 있는 동굴 속 광경을 상상했어요. 그들은 한쪽만 보기 때문에 시야가 좁을 수밖에 없어요.

플라톤

설립했어요. 글이 아닌 말로 가르침을 설파하던 소크라테스와 달리 플라톤은 수많은 저서를 남겼어요. 플라톤은 대부분의 작품을 대화체로 기록했는데 대화의 주인공은 스승인 소크라테스였어요. 플라톤은 이런 상황을 가정했어요.

어려서부터 어둡고 축축한 동굴에서 산 죄수들이 있어요. 그들은 두 손이 묶인 채 벽을 마주하고 앉아 동굴 벽에 드리워지는 불빛의 그림자만 보고 살았지요. 그들은 결박당한 채로 바닥에 앉아있었기 때문에 몸을 돌릴 수 없었어요. 죄수들의 뒤쪽에는 불이 피워져 있고 모닥불과 죄수들 사이에는 벽이 세워져 있어요. 벽 아래에도 한 무리의 사람들이 서 있어요. 그들은 나무와 돌로 만든 우상을 하나씩 들고 있어요. 죄수들은 동굴 벽에 비친 우상의 그림자를 실체라고 믿었어요.

플라톤(Plato, BC 427~BC 347)은 20살이 되어서야 소크라테스의 제자가 되었어요. 디오게네스(Diogenes Laertius)에 따르면 소크라테스는 플라톤과 만나기 전 이상한 꿈을 꾸었다고 해요. 한 마리 백조가 날아와 그의 곁에 내려앉아 맑은 울음소리를 내고는 다시 날아갔어요. 소크라테스는 플라톤이 바로 꿈속에서 만난 백조라고 생각할 정도로 그를 아꼈어요. 플라톤 역시 스승의 기대를 저버리지 않았어요.

그러던 어느 날, 몸을 돌려 뒤를 바라본 그들은 자신들이 실체라고 믿었던 것이 우상의 그림자에 불과하다는 사실을 알게 돼요. 동굴을 나와 바깥세상을 보고나서는 동굴안의 우상마저도 실체가 아니라 사람의 형상을 한 사물일 뿐임을 깨닫게 돼요.

플라톤은 그의 생각을 '동굴의 비유'에 담아 표현했어요. 그는 이 세상에 두 개의 세계가 존재한다고 생각했어요. 바로 가시적인 현실 세계와 지성으로만 볼 수 있는 이데아의 세계이지요. 가시적인 세계는 감각의 세계라고도 해요. 눈으로 보고 귀로 들어 알 수 있는 세계이니까요. 하지만 이데아의 세계는 아무리 느끼려고 해봐야 느낄 수 없어요. 오로지 지성을 가지고 사고해야 이데아의 세계를 알 수 있어요

사람은 모든 생명체 중 가장 복잡한 존재예요. 어른과 아이, 남자와 여자, 백인과 흑인 등 사람은 다양한 모습을 갖고 있어요. 하지만 겉으로 드러난 모습은 다를지라도 사람이라면 누구나 똑같이 '본성'을 갖고 있어요. 플라톤은 바로 이 본성이 눈으로 볼 수 있게 발현된 존재가 사람이라고 보았어요.

플라톤은 인간은 생로병사의 굴레에서 벗어날 수 없으며 육체는 사멸하고 가변적인 것이라고 생각했어요. 그러나 인간의 본성을 결정하는 이성은 영원하므로 이성이야말로 인간의 본질이라고 보았어요.

인간과 동물의 차이는 영혼에 있어요. 영혼은 육체가 만들어지기 전부터 존재했고 신이 창조한 것이에요. 그렇다면 인간의 영혼은 도대체 어떤 것일까요?

플라톤은 인체가 세 부분으로 이루어진 것처럼 인간의 영혼도 세 부분으로 이루어져 있다고 생각했어요. 먼저 영혼 중에서 가장 고귀하며 생각하고 유추하는

플라톤의 아카데미아에서 사람들은 자유롭게 생각하고 의견을 말했어요.

프라고나르(Jean Honore Fragonard, 1732-1806, 프랑스 로코코시대 화가)의 〈사랑의 샘〉은 욕망과 이성의 충돌을 표현했어요.

데 쓰이는 이성은 머리에 담겨 있어요. 두 번째로 분노, 쾌락, 충동 등 행동을 일으키는 감정은 사람의 가슴에 내재되어 있어요. 마지막으로 성욕, 식욕, 탐욕과 같이 영혼에서 가장 추악한 부분인 욕망은 배에 들어 있어요. 이 세 영혼 사이에서는 종종 다툼이 벌어져요. 플라톤은 예를 들어 설명했어요.

어느 날, 한 사내가 아테네로 들어오다가 성벽 아래 형장에 놓인 시체를 발견했어요. 순간 시체를 보고 싶다는 욕망이 생겼지만 또 한편으로는 두렵고 구역질이 났어요. 가슴에서 다툼이 일어났고 그 결과 그는 눈을 감고 쳐다보지 않는 쪽을 택했어요. 하지만 잠시 뒤 다른 영혼을 제압한 욕망은 사내의 눈을 뜨게 하고 그의 발걸음을 시체 앞으로 이끌었어요. 그리고 말했어요. "보거라. 이 불쌍한 인간아. 질릴 때까지 실컷 보게 해주마."

플라톤이 이 이야기를 통해 하고 싶었던 말은 무엇일까요? 욕망이 이성을 이기면 스스로에게 화가 나 자신을 비난하게 돼요. 그러면 내면이 평안할 수 없겠지요. 이성이 감정과 욕망을 지배할 때만이 각자 맡은 바 임무를 충실히 수행하게 돼요. 그래야만 영혼이 평화로워지고 최고의 덕인 '정의'를 행동에 옮길 수 있어요.

플라톤에 따르면 세 개의 영혼 중 어느 것이 주도권을 잡느냐에 따라 그 사람의 본성이 어느 계급에 속하는지가 결정된다고 해요. 마치 영혼이 세 개로 나뉘는 것처럼 사람도 세 계급으로 나눌 수 있다는 말이지요.

첫 번째 계급은 통치자예요. 신이 황금으로 창조한 이 계급은 뛰어난 지혜와 철학적 지식을 갖고 있으며 철학으로 국가를 지배하면서 모든 사람들을 지혜롭게 만드는 역할을 해요.

두 번째 계급은 수호자, 즉 군인이에요. 군인은 은으로 만든 사람이에요. 용감한 기개가 영혼의 대부분을 차지하고 있어요. 그들은 통치자를 도와 국가를 지키고 보호하는 역할을 해요.

세 번째 계급은 노동자예요. 신이 그들을 만들 때는 청동을 사용했다고 해요. 그들의 영혼은 욕망으로 가득 차 있기 때문에 이성의 통제를 받아야 하며 욕망을 절제하는 법을 배워야 해요.

또한 금은 다시 금을, 은은 은을 그리고 동은 동을 낳아요. 그러므로 통치자의 자손은 대대손손 모두 지혜로울 것이고 노동자는 영원히 노동자로 살 수 밖에 없어요. 만약 동으로 만든 농민이 왕이 된다면 국가는 혼란에 빠질 거예요. 이는 정의롭지 못한 일이에요.

플라톤에 따르면 영혼은 정신, 생각이라서 볼 수도 만질 수도 없어요. 게다가 이것은 신이 만들었어요. 하지만 육체는 뼈와 살로 이루어졌기 때문에 형체와 크기를 알 수 있어요. 사람은 바로 이 감각적인 육체와 초감각적인 영혼이 우연히 결합해 만들어졌어요. 일단 영혼이 육체로 들어오면 인간의 본성에 의해 영혼은 육체를 지배하고 육체는 영혼의 통치에 복종하게 돼요.

영혼은 육체의 감각기관을 이용하지만 영혼 자신은 순결하고 영원해요. 사람이 죽으면 감각의 세계에 남겨진 육체는 자연히 분해되고 소멸돼요. 하지만 영혼은 죽지도 사라지지도 않아요. 영혼은 자신을 속박하던 육체를 벗어나 윤회의 방식으로 다른 육체 안으로 들어가 새로운 삶을 시작하게 돼요.

플라톤은 《국가론》의 끝에서 죽은 에로스가 부활해서 신 대신 인간에게 소식을 전달한다는 이야기를 했어요.

에로스가 죽자 그의 영혼은 육체에서 빠져나와 다른 영혼들과 함께 저승으로 갔다. 이상한 곳에 들어서자 저승의 재판관들이 판결을 내리고 있었다. 정의로운 영혼은 천국으로 보내졌지만 정의롭지 못한 영혼은 지옥으로 떨어졌다. 모든 영혼들이 앞 다퉈 자신이 보고 들은 바를

미켈란젤로의 〈최후의 심판〉은 죽은 영혼들이 심판을 받는 장면을 그렸어요.

이야기하기 시작했다. 선량한 영혼에게는 좋은 운명이 기다리고 있었지만 악한 영혼은 벌을 받았다. 이렇듯 사람의 육체는 죽더라도 영혼은 영원히 사라지지 않기 때문에 사후에도 인간세상으로 돌아오거나 천국에서 행복한 나날을 보내게 된다.

플라톤은 육체는 죽거나 변하지만 영혼은 진실하고 영원하므로 영혼이

플라톤은 그의 저서 《티마이오스(Timaeus)》를 들고 하늘을 가리키고 있고, 아리스토텔레스는 저서 《니코마스 윤리학(Nicomachean Ethics)》을 들고 다른 손으로는 땅을 가리키고 있어요. 서로 다른 두 사람의 생각을 보여주고 있네요.

야말로 사람의 근본이라고 확신했어요. 그래서 육체를 통해서는 허상밖에 볼 수 없고 이데아를 통해서만 진실을 인식할 수 있어요. 자기 자신을 알기 위해서는 영혼을 알아야 해요. 플라톤에 따르면 영혼을 아는 유일한 방법은 '영혼의 기억'을 되살리는 거예요.

플라톤에 따르면 육체가 만들어지기 전, 영혼은 아무런 결점도 찾아볼 수 없을 정도로 완벽했어요. 영혼은 그야말로 이상적인 이데아의 세계에 살고 있었어요. 그런데 영혼이 육체를 만나면서 욕망에 따라 행동하려는 육체로 인해 더렵혀지기 시작했어요. 시간이 흐르면서 영혼은 원래 갖고 있던 이데아와 아름다움을 잊어버렸어요.

사람의 본질과 완벽한 영혼을 알기 위해서는 두 가지를 실천해야 해요. 먼저 훈련을 통해 이데아의 기억을 떠올려야 해요. 그 시절의 기억을 더듬어가다 보면 즐거움과 감동을 얻게 돼요. 또한 더 많은 것을 기억하기 위해 계속해서 이데아의 세계를 갈구하고 동경하게 돼요. 그 다음으로 반드시 욕망을 억제해야 해요. 금욕을 통해 영혼에게 씌워진 육체의 굴레를 벗겨내 영혼이 사랑의 날개를 달고 순수하고 완벽한 이데아의 세계로 날아가도록 해야 해요.

　플라톤이 이데아의 세계와 감각의 세계를 나누면서 처음으로 육체와 영혼이라는 대립되는 관념이 생겼어요. 이때부터 인간은 감정과 이성, 물질과 정신이라는 두 가지 측면에서 인간을 바라보게 되었어요. 플라톤은 이분법을 주장하며 인간의 본질은 영혼임을 강조해 이성주의의 문을 열었어요. 이후 이성주의자들은 플라톤의 이론에 근거해 정신과 의식의 측면에서 인간의 본질을 고찰하게 됐어요. 하지만 플라톤의 이론 중에 신이 영혼을 창조했다거나 영혼은 영원히 사라지지 않는다는 내용과 금욕주의 등은 중세 신학이 신성을 강조하고 인간의 욕망을 억압하는 수단으로 이용되기도 했어요.

타고난 지적 욕구

서양 철학은 고대 그리스에서 시작되었어요. 고대 그리스에는 헤아릴 수 없이 많은 뛰어난 철학자들이 있었어요. 그 중에서도 아리스토텔레스는 가장 지혜로운 철학자로 꼽히지요. 독일의 유명한 철학자 헤겔은 이렇게 말했어요. "만약 인간이 본받을 스승이 있다면 그는 아리스토텔레스이다."

그의 말에서 알 수 있듯이 아리스토텔레스는 박학다식했던 천재였어요. 비록 62년이라는 길지 않은 삶을 살았지만 아리스토텔레스는 시대와 공간을 초월해 인류 역사상 가장 위대한 철학자로 손꼽히고 있어요. 동서고금을 통틀어 그의 지식과 지혜, 업적을 따라갈 사람을 찾을 수 없을 정도예요.

아리스토텔레스가 이토록 위대한 삶을 살 수 있었던 것은 굳은 믿음이 있었기 때문이에요. 그는 '지적 욕구는 인간의 본성' 이라는 한결같은 믿음을 가지고 있었어요. 또한 행복은 지적 욕구를 채워갈 때 얻을 수 있다는 생각을 실천을 통해 보여주었어요.

그렇다면 아리스토텔레스는 도대체 어떤 사람이었을까요?

아리스토텔레스는 에게해 북단 칼키디케 반도의 스타게이로스에서 태어났어요. 그의 아버지는 마케도니아의 궁정의사였어요. 17세가 되던 해, 아리스토텔레스는 그리스 문화와 학문의 중심지인 아테네로 건너가 모두가 꿈꾸던 플라톤의 아카데미아에 들어갔어요. 누구보다 강한 지적 욕구를 갖고 있던 그였기에 밤낮을 가리지 않고 학문에 몰두했어요. 플라톤은 항상 도서관에

앉아있는 플라톤

묻혀 지내는 그를 '아카데미아의 지성'이라며 칭찬을 아끼지 않았어요. 심지어 친구들조차도 학구열에 불타는 그를 '책벌레'라고 놀릴 정도였어요.

아리스토텔레스는 무려 20년 동안 아카데미아에서 학문 탐구에 열중했어요. 그는 스승인 플라톤을 진심으로 존경했어요. 하지만 플라톤의 이데아론이 지나치게 이론적이고 형식적이라는 사실을 발견하고는 당대 최고의 권위자였던 스승의 이론을 반박하기 시작했어요. 플라톤과의 대결에 앞서 아리스토텔레스는 공개적으로 선언했어요. "나는 스승님을 사랑한다. 하지만 진리를 더욱 사랑한다." 이렇게 아리스토텔

레스는 권위를 두려워하지 않고 진리를 추구하는 학자였지요.

아리스토텔레스는 플라톤의 학설을 비판함과 동시에 철학을 새로운 차원으로 승화시켰어요. 플라톤은 감각적인 세계는 허상이고 가변적인 것에 불과하며 이데아의 세계야말로 참되고 영원하다고 주장했어요. 하지만 아리스토텔레스의 생각은 달랐어요. 그는 세상에는 각양각색의 구체적인 사물들이 존재하며 절대적인 이데아는 없다고 생각했어요.

영혼과 육체를 이분법적 시각으로 보는 플라톤과 달리, 아리스토텔레스는 인간은 질료와 형상이 결합해 만들어진 존재라고 보았어요. 그에 따르면 육체는 질료, 즉 사람의 형체를 구성하는 기본 틀이에요. 반면 영혼은 형상, 즉 사람의 본질을 의미해요. 질료와 형상을 나눌 수 없는 것처럼 영혼과 육체도 나눌 수 없어요.

생각에 잠긴 고대 그리스 철학자

플라톤은 사람의 영혼을 이성과 정욕(욕망) 두 가지로 나눈 데 반해, 아리스토텔레스는 영혼을 영양 영혼, 감각 영혼 그리고 이성 영혼으로 나누었어요. 모든 생명이 있는 존재는 일단 영양 영혼을 갖고 있어요. 감각 영혼을 가진 존재는 동물과 인간이고요. 마지막으로 영혼 중 가장 고귀한 이성 영혼은 오로지 인간만이 가지고 있어요. 그러므로 이성적으로 행동하고 생각을 하는 것이야말로 사람이 살아가는 목적이라고 할 수 있어요.

그렇다면 아리스토텔레스는 인간이 과연 무엇이라고 생각했을까요? 그가 볼 때, 인간을 인간답게 만드는 것은 지혜였어요. 그래서 지혜야말로 사람의 본질이라고 생각했지요.

플라톤은 감각기관의 기능을 하찮게 여겼어요. 하지만 아리스토텔레스는 전혀 다른 생각을 갖고 있었어요. 그에 따르면 모든 지식은 감각기관을 통해서만 얻을 수 있어요. 보고 듣고 만지는 등의 감각적 자극을 통해 지식을 얻게 된다는 말이에요. 인간에게 있어 감각은 큰 의미를 지니고 있는 부분이에요. 그중에서도 세상에 존재하는 사물들을 인식하고 차이를 구분하게 하는 시각은 가장 중요한 감각기관이지요.

인간이 가진 모든 지식은 인간 본성의 기본적인 성향으로 말미암은 것이라고 할 수 있어요. 또 이런 성향은 인간의 일상적인 행동과 반응을 통해 밖으로 표출돼요. 어떤 사람이 갖고 있는 성향을 알려면 평소 그가 어떻게 행동하는지 유심히 살펴보면 돼요. 바꿔 생각해보면 그 사람의 행동을 보면 성향을 파악할 수 있는 셈이지요.

모든 인간은 감각기관을 통해 사물을 인식할 수 있어요. 그렇다면 모든 인간을 지혜롭다고 말할 수 있을까요? 물론 그렇지 않아요. 아리스토텔레스에 따르면 사람들은 살아가면서 각종 지식을 습득하게 되지만 종종 자신의 힘으로 해결할 수 없는 어려운 문제에 봉착하게 돼

아리스토텔레스의 두상. 그는 철학사상 가장 위대한 천재이자 박학다식했던 학자로 추앙받고 있어요.

요. 예를 들어 볼까요? 사람이라면 누구나 알고 있는 것들이 있어요. 모든 사람이 생로병사를 피할 수 없다는 사실이나 의식주는 삶의 필수 조건이라는 점, 도덕적으로 살아야 한다는 점 등등이 그렇지요. 하지만 그 이유가 무엇인지 알고 있는 사람은 드물어요.

지혜로운 사람은 감각적 지식의 원인을 파악할 줄 알기 때문에 대부분의 사람들이 모르는 지식을 알고 있어요. 지혜는 단순히 어떤 개별적인 일의 발생 원인에 관한 지식을 말하는 것이 아니에요. 그것은 모든 일의 가장 보편적이면서도 가장 정확한 원인에 관한 지식을 가리켜요.

그럼, 지혜에 관한 지식은 뭘까요? 아리스토텔레스에게 물었다면 그는 '철학지식'이라고 대답했을 거예요.

철학을 연구하는 것과 인간의 지적 욕구를 채우는 것이 무슨 상관이 있다는 걸까요? 아리스토텔레스는 '철학의 본성' 때문에 철학 연구와 인간의 지적 욕구를 채우는 것이 밀접한 관계가 있다고 주장했어요. 철학은 신성하고 가장 존귀한 학문이에요. 모든 학문 중에서 유일하게 오로지 자신만을 위해 존재하는 학문이지요. 실생활에 응용하기 위해서가 아니라 단지 무지에서 벗어나기 위해 연구하기 때문이에요. 살기 위해 배우는 다른 지식과 달리 철학은 인간의 존재 자체와 그 의미를 탐구해요. 인간의 존재는 여러 가지 주변 환경의 제약을 받지만 철학은 무엇에도 속박당하지 않는 자유로운 학문이랍니다.

아리스토텔레스(Aristoteles, BC384~BC322)
고대 그리스의 가장 위대한 사상가로 형식논리학의 기초를 닦았어요. 그는 자기가 세운 학교에서 산책을 하면서 학문을 토론해 '소요학파'라고 불리기도 했어요. 엥겔스는 고대 그리스 철학자 중 '가장 박학다식한 인물'로 아리스토텔레스를 꼽았어요.

그렇다면 지식을 쌓고 지혜를 얻으려면 어떻게 해야 할까요? 아리스토텔레스는 일상생활 속에서 지적 욕구를 채워갔어요. 아리스토텔레

아리스토텔레스의 인성론을 보면, 귀족같이 물질적 풍요를 누리는 사람만이 최고 경지의 인성을 추구할 수 있다는 사실을 알 수 있어요.

스의 저서 《니코마스 윤리학(Nicomachean Ethics)》에 이런 말이 나와요.

"자아실현의 최고 경지는 행복이다. 그리고 가장 큰 행복감을 느끼려면 철학적 사고를 해야 한다. 철학적 사고란 행위자체에서 벗어나 심

철학계의 거두 아리스토텔레스와 정복자 알렉산더 대왕

사숙고하는 것이며 지적 욕구를 만족시키기 위해 하는 사유활동이다."

철학적 사고를 제외한 다른 활동을 하려면 모두 외부의 도움을 받아야 해요. 예를 들어 공정한 행위는 그것을 받아들이는 사람과 협조자가 필요하지요. 용감한 행동을 하려면 대상이 필요해요. 하지만 이성적인 사고활동은 실용적 목적도 외부의 도움도 필요 없어요. 그러므로 사유활동은 그 자체만으로도 다른 무엇보다도 강력하고 순수하고 지속적인 즐거움을 준답니다.

그렇지만 사유도 외부적 조건이 갖춰져야 할 수 있어요. 예를 들자면 건강한 신체와 의식주에 필요한 물품, 시간적 여유가 있어야 하지요. 이렇게 본다면 아리스토텔레스가 말하는 가장 행복한 상태란 의식주를 걱정할 필요가 없는 철학자들이 한가한 시간에 진리를 탐구하는 것에 지나지 않아요. 그들은 경제적으로 어려움이 없기 때문에 생계를 고민할 필요도 없고 외부로부터 어떠한 방해나 제재도 받지 않아요. 그저 마음이 평온한 상태에서 오로지 진리만을 탐구하면서 깨달음에서 오는 행복감을 만끽하는 거지요.

그렇다면 아리스토텔레스가 말하는 가장 완벽한 인성이란 오직 '귀족' 같이 물질적 풍요를 누리는 사람만이 추구할 수 있는 셈이에요. 대부분의 사람들이 먹고 사느라 여념이 없는데 사물의 근원과 만물의 법칙을 탐구하고 철학적으로 사고할 시간이 어디 있겠어요?

비록 이 점은 비난의 여지가 있지만 아리스토텔레스는 지식을 사랑하고 진리를 탐구하며 다른 사람들을 지혜의 길로 이끄는 데 평생을 바쳤어요. 숨을 거두는 순간까지 지적 욕구에 대한 열망으로 가득 차 있었던 그는 온 생명을 바쳐 미지의 세계를 밝히기 위해 노력했어요.

아리스토텔레스의 강렬한 지적 욕구와 과학적 탐구 정신, 완벽한 사상 체계는 '고대 그리스에서 가장 박학다식한 인물', '모든 지식인의 스승'이라는 찬사를 듣기에 조금도 손색이 없어요.

'선천적 지적 욕구' 사상과 아리스토텔레스의 실천정신은 서양 문화 안에 지식을 추구하고 지혜를 사랑하는 미덕을 자리 잡게 했으며 대대손손 전통으로 계승하도록 했어요. "아는 것이 힘이다."라고 한 베이컨이나 "과학은 과학을 위해 존재한다."라고 한 아인슈타인도 아리스토텔레스 사상의 영향을 받았다고 할 수 있어요.

타고난
쾌락 욕구

기원전 4세기 무렵, 고대 그리스 도시 국가의 존립기반인 노예제가 흔들리기 시작했어요. 때마침 마케도니아가 그리스를 침략하면서 그리스는 심각한 위기에 빠지게 돼요. 경제는 침체의 늪에서 헤어나지 못했고 사회 곳곳에 미신이 퍼졌으며 도덕은 땅에 떨어졌어요. 그런데도 귀족들은 부귀와 권세에 눈이 멀어 서로 죽고 죽이는 참상이 그치지 않았어요. 사람들은 바람 잘 날 없는 삶 속에서 하루하루를 고통스럽게 보내며 점점 두려움과 의심, 불안에 잠식되어 갔어요.

이 당시 그리스 철학은 플라톤과 아리스토텔레스 시대의 생기를 잃은 지 오래였어요. 남은 것이라고는 비관적인 회의주의와 숙명론, 신비주의뿐이었지요. 온 사회가 비관주의에 매몰되어 가던 이때 그리스에 변화를 몰고 온 이가 있

에피쿠로스. 그는 쾌락 추구를
인간의 본성으로 봤어요.

었으니 그가 바로 에피쿠로스예요. 넘치는 활력과 진취적인 정신으로 무장한 에피쿠로스는 '쾌락이 선善'이라고 주장했어요.

에피쿠로스는 사모스 섬에서 태어났어요. 그의 아버지는 섬에서 학생들을 가르치는 교사였지만 그의 어머니는 무녀였어요. 그는 자기 집 정원에서 학문을 연구하면서 학생들을 가르쳤고 그의 학생들도 그곳에서 토론하며 지식을 쌓았어요. 이런 이유로 사람들은 그의 학파를 '정원학파'라고 부르기도 했어요. 에피쿠로스는 활달한 성품에 박학다식한데다가 뛰어난 지혜를 갖고 있었어요. 그래서 그리스뿐만 아니라 소아시아 지역의 지식인들도 그를 만나기 위해 에피쿠로스의 정원으로 몰려들었어요. 에피쿠로스는 평생 동안 많은 책을 썼어요. 전하는 말에 의하며 300여 권의 책을 썼다

사람의 느낌은 다양한 스펙트럼을 가지고 있어요. 날씨에 대한 느낌도 마찬가지예요. 그림 속의 두 사람을 보세요. 옷차림이 상당히 다르지요? 사람마다 '객관적'인 날씨에 대한 '주관적'인 느낌이 서로 다르다는 사실을 보여줘요.

고 해요. 하지만 안타깝게도 남아있는 것이라고는 세 통의 편지와 작품의 일부분뿐이랍니다.

에피쿠로스는 데모크리토스의 유물론적 원자론을 계승 발전시켰어요. 그는 신과 영혼을 포함한 만물은 모두 원자와 빈 공간으로 구성되어 있으며 모든 원자입자 는 빈 공간 속에서 자유롭게 이동할 수 있고 상호 배척하기도 한다고 주장했어요. 또한 만물은 물질 적이며 감각을 통해서 인식할 수 있다고 했어요. 에피쿠로스에 의하면 사물을 인식하는 데 있어 가 장 신뢰할 수 있는 근거는 신체 기관을 통해 전해 지는 감각이에요.

날씨에 대한 인식을 가지고 이야기해 볼게요. 어떤 사물과 접촉했는지에 따라 (비록 기온조차도 완 전히 똑같다고 하더라도) 사물에 대한 인식이 달라져 요. 그렇기 때문에 하나의 사물인 '날씨'에 대한 인식도 완전히 다를 수 있어요. 그러므로 감각은 가장 진실하고 반박할 수 없는 믿음직한 근거예 요. 에피쿠로스는 세계가 원자로 구성되어 있다는 것과 감각으로 인식해야 한다는 두 가지 관점에 근거해 '쾌락주의'를 주장했어요.

기원전 4세기에 만들어진 비너스상. 그녀의 눈동자는 허공에 던져져 있고 그녀의 영혼은 그 무엇에도 미련이 없는 것 처럼 보여요. 에피쿠로스는 근심걱정 없이 사는 것이 가장 큰 쾌락이라고 보았어요.

에피쿠로스는 살면서 느껴지는 감각은 '쾌락'과 '고통' 두 가지로 나뉘며, 쾌락을 추구하고 고통을 피하는 것이 인간의 본성이라고 주장했어요.

에피쿠로스에 의하면, 쾌락은 어떤 행동을 할지말지를 판단하는 기준이 돼요. 인간이 하는 모든 행동은 쾌락을 얻고 고통을 피하는 것이 목적이지요. 사람들은 흔히 상대방에게 "행복하세요!"라고 말하곤 해요. 날마다 바쁘게 뛰어다니며 열심히 일하고 공부하는 것이 다 행복하고 즐겁게 살려고 그러는 것 아니겠어요?

에피쿠로스(Epikouros, BC 341~BC 271)는 에피쿠로스학파의 창시자예요. 그는 자기 집 정원에 학교를 만들었어요. 그의 제자 중에는 노예와 창녀도 있었다고 해요. 이는 고대 그리스 역사상 가장 파격적인 사건이었어요.

인간의 모든 활동은 쾌락 추구를 목적으로 해요. 하지만 사람마다 느끼는 쾌락은 서로 달라요. 예를 들어 볼게요. 적이 침략해 오면 어떤 사람은 맞서 싸울 것이고 어떤 사람은 줄행랑을 칠거예요. 맞서 싸우는 사람이든 도망치는 사람이든 목적은 단 하나, 바로 쾌락 추구예요. 총칼을 집어 들고 전쟁터로 나간 사람은 승리했을 때 느낄 쾌락을 위해서, 걸음아 날 살려라 도망간 사람은 패배했을 때 겪을 고통을 피하기 위해서 각기 다른 행동을 했다고 볼 수 있어요.

보아하니 '쾌락'도 꽤나 복잡하네요. 도대체 쾌락이란 무엇일까요? 쾌락은 일종의 감각, 마음의 느낌이에요. 에피쿠로스는 쾌락은 인간이 존재하는 이유이자 사람의 본성이며 모든 쾌락이 '선善'이라고 보았어요.

에피쿠로스가 말한 쾌락은 육체적 쾌락(물질적 쾌락)과 정신적 쾌락을 모두 포함하고 있어요. 그렇기 때문에 이성과 도덕을 강조한 고대 그리스 철학 전통의 반대에 부딪히게 되고 심지어 방탕한 쾌락주의로 오인

받기도 했어요.

사실 에피쿠로스가 주장한 쾌락주의는 순간의 육체적 쾌락을 추구하는 쾌락주의가 아니었어요. 또한 인간의 삶에서 초탈해 모든 육체적 쾌락을 금지하는 금욕주의적 쾌락주의와도 달랐어요.

에피쿠로스는 자신이 말하는 쾌락은 방탕한 쾌락과 육체적 쾌락이 아닌 신체의 건강과 영혼의 평정이라고 거듭 강조했어요.

"우리가 말하는 쾌락이란 건강한 신체와 평안한 영혼이다."

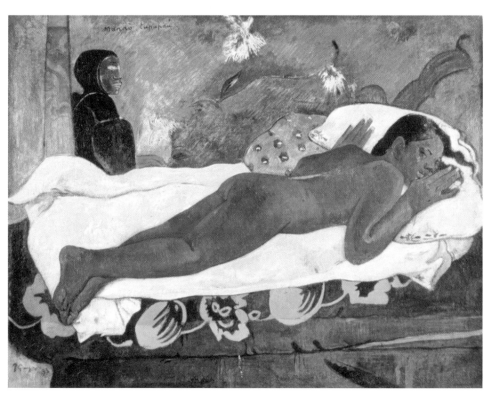

고갱의 〈영혼이 지켜본다〉. 타히티 원주민들의 죽음에 대한 두려움을 담고 있어요.

먼저 그가 말한 육체적 쾌락에 대해 알아볼까요? 매일 온갖 산해진미를 먹던 사람은 맛있는 음식을 먹어도 쾌락을 느낄 수 없어요. 그러나 굶주린 사람에게는 맨밥조차도 꿀맛일 거예요. 보세요. 평범한 음식이나 산해진미나 똑같이 쾌락을 주잖아요. 남보다 사치를 부리고 방탕한 삶을 살수록 쾌락을 느끼는 것은 아니란 말이지요.

이제 정신적 쾌락은 무엇인지 살펴보기로 해요. 정신적 쾌락은 영혼이 평안한 상태를 말해요. 욕망에 지배당하지도 않고 외부의 간섭도 받지 않아요. 편안한 마음으로 제 분수를 지키며 만족할 줄을 아는 상태와 같아요. 에피쿠로스의 사상을 정리해 보자면, 건강한 신체를 가지고 있고 근심 걱정 없이 평안한 마음을 유지하는 사람이 즐겁고 행복한 사람이에요.

그렇다면 어떻게 해야 이런 쾌락을 얻을 수 있을까요? 에피쿠로스는 정신적 쾌락을 얻으려면 먼저 지식을 쌓고 두려움을 없애야 한다고 했어요.

에피쿠로스는 그리스 사회에 점성술과 미신, 종교가 판치고 사람들이 불안에 떠는 것은 무지로 인해 죽음과 신, 영혼 따위를 두려워하기 때문이라고 보았어요. 에피쿠로스는 이렇게 말했어요.

"신은 아주 미세한 원자로 구성되어 있는 존재에 지나지 않으니 두려워할 필요가 없다. 신의 존재는 부정할 수 없지만 그들은 인간세상에서 벌어지는 일에 간섭하지 않는다. 사람의 영혼도 원자로 구성되어 있지만 육체가 죽을 때 영혼도 사라지고 감각도 사라지기 때문에 두려워할 필요가 없다. 죽음이 우리와 무슨 상관이 있단 말인가?"

"우리가 살아있을 때, 죽음은 우리로부터 멀리 떨어져 있다. 죽음이 다가왔을 때 우리는 이미 존재하지 않을 것이다."

미신과 숙명론에서 벗어나 용감하게 현실과 마주해야 해요. 운명은 스스로 결정하는 거예요. 행복의 열쇠는 신이 아니라 자기 자신이 쥐고 있으니까요.

에피쿠로스는 사람들이 철학을 배워 이성으로 행동을 통제해야 한다고 생각했어요. 쾌락 자체가 선이므로 모든 쾌락이 선이라고 말할 수 있어요. 하지만 그렇다고 해서 모든 쾌락을 행해도 된다는 뜻은 아니에요. 마찬가지로 악이라고 해서 꼭 피해야 한다는 뜻도 아니에요. 사람은 자신의 쾌락을 선택할 자유가 있어요. 그렇다면 해도 되는 쾌락과 하면 안 되는 쾌락은 어떻게 다를까요?

에피쿠로스는 쾌락보다 더 큰 고통을 느끼게 하는 쾌락이라면 피해

뵈클린(Arnold Bocklin)의 〈죽음의 섬〉. 신비한 매력이 넘치는 그림이에요. 그림 속 창백한 그림자는 언제라도 우리 곁으로 다가올 수 있는 사신 같아요.

야 한다고 말했어요. 예를 들어 무엇인가를 얻기 위해 남을 속인다면 일시적으로 이득을 볼 수는 있지만 오랫동안 양심의 가책을 느끼게 돼요. 그렇다면 이것은 쾌락이 아니라 고통이에요.

반대로 지금 당장은 고통스럽더라도 나중에 더 큰 쾌락이 찾아오는 것이라면 굳이 피할 필요가 없어요. 예를 들어 내가 가진 음식을 굶주려 죽기 직전인 사람에게 준다면 당장의 나는 고통스럽겠지만 다른 사람을 도와주었다는 데서 오는 쾌락을 느낄 수 있어요. 그렇다면 이 정도 고통쯤은 감내해야겠지요.

한마디로 쾌락과 고통은 해야 하는 일과 해서는 안 되는 일 중에서 무엇을 선택하는지에 따라 결정돼요. 그러므로 쾌락을 주는 일을 선택하는 것이 무엇보다 중요해요. 에피쿠로스는 쾌락을 주는 일을 선택할 때는 이성의 도움을 받아야 한다고 했어요.

육체적 쾌락에 대한 추구에 만족이란 없어요. 인간의 생명은 한정돼 있지만 욕심은 끝이 없지요. 아무리 채워도 채워지지 않으니 밑 빠진 독에 물 붓기나 다름없어요. 그러므로 절제와 정확한 선택을 통해 정신적인 쾌락과 자족을 얻어야 해요. 만약 무한한 육체적 쾌락만 쫓는다면 틀림없이 고통에 빠지게 돼요. 다시 말해 물질적 욕망이 지나치면 정신을 억압해 불안한 상태로 몰아간다는 말이에요. 욕망을 충족하기 위해 끊임없이 자기를 괴롭히는 사람이 어떻게 '쾌락'을 얻을 수 있겠어요?

그래서 에피쿠로스는 지나친 욕망과 향락에 반대했어요. 그리고 평안하고 만족할 줄 아는 영혼상태에서 물욕을 만족시켜야 한다고 주장했어요. 에피쿠로스 자신과 제자들도 매우 소박한 삶을 살았어요. 평소에는 빵으로만 끼니를 때웠고 특별한 날에만 치즈를 먹을 정도였어요. 이렇듯 에피쿠로스는 평안한 마음으로 철학을 연구하면서 소박한 즐거움이 있는 삶을 추구했어요.

우리는 에피쿠로스가 '쾌락이 선'이라고 주장한 것에 감사해야 해요. 그 덕분에 인간이 즐거움을 누릴 권리를 갖게 되었으니까요. 그의 철학정신은 인간에 대한 존중, 믿음, 이해, 사랑을 담고 있어요. 그래서 마르크스와 엥겔스는 '에피쿠로스는 그리스에서 가장 위대한 계몽가'라고 말했어요.

이미 2000여 년이 지났지만 행복과 자유는 여전히 우리를 곤혹스럽게 만드는 주제예요. 하지만 운명은 스스로 개척하는 것이며 평안한 영혼을 추구해야 한다는 에피쿠로스의 가르침은 지금도 우리에게 행복한 인생을 살아가는 지혜를 알려주고 있어요.

인간은 기계

인간은 무엇일까요? 태초부터 인간과 함께 한 이 질문은 인간의 성장과 더불어 더 많은 가설을 낳고 있어요. 서양철학은 16세기 말부터 18세기 중기 이전까지 고대 그리스에 이어 두 번째 전성기를 구가했어요. 특히 자연과학의 발전은 눈이 부실 정도였어요.

그 문을 연 사람은 1543년 《천체의 회전에 관하여》라는 책을 발표한 코페르니쿠스였어요. 이후 1689년 뉴턴이 《자연철학의 수학적 원리》를 발표하며 고전역학 체계를 수립할 때까지 자연과학은 수많은 성과물을 쏟아냈어요.

1690년 프랑스의 드니 파팽(Denis Papin, 1647~1712)이 세계 최초로 증기기관을 발명한 이후 1763년 제임스 와트(James Watt, 1736~1819)가 증기기관을 개량할 때까지 인간은 빠른 속도로 기계화 시대로 들어서게 돼요.

이때부터 수공업장이 있던 자리에 공장이 들어서기 시작했어요. 사람 손을 대신해 생산라인에 뛰어든 기계는 어느덧 시대를 대표하는 상징물로 자리매김하게 되었어요.

과학의 발전은 사람들의 사고방식도 바꿔놓았어요. 과학계에서 획기적 진전이 발생한 것처럼 철학계에서도 엄청난 변화의 바람이 일어났어요. 중세 유럽을 지배했던 신학의 기세가 꺾이고 고대 유물론을 잇는 새로운 형태의 '기계론적 유물론'이 출현했어요. 그 당시 많은 철학자들은 자연과학과 실험과학 분야의 새로운 성과를 토대로 인간에 관한 문제를 해결하고자 했어요.

기계 운동법칙으로 인성을 해석하려 한 철학자 중 가장 대표적인 인물은 영국의 홉스(Thomas Hobbes, 1588-1679)와 프랑스의 라메트리(La Mettrie, 1709-1751)였어요. 시대의 총아였던 두 사람은 직간접적으로 '인간은 기계'라는 사상을 제기했어요. 그리고 기계론적 유물론의 입장에서 "인간은 무엇인가?"라는 물음에 비교적 완벽한 해답을 발표했어요.

《노틀담의 꼽추》는 프랑스의 낭만주의 작가 빅토르 위고(Victor-Marie Hugo, 1802~1885)의 대표작이에요. 이 책은 중세 시대에 신성神性이 얼마나 잔혹하게 인성人性을 탄압했는지 잘 보여주고 있어요.

천주교 신학은 인간의 본질은 정신이며 영혼과 육체는 분리되어 있고 육체는 껍데기에 불과하다고 주장했어요. 또한 하느님에 대한 절대적인 사랑과 믿음을 통해서만 현실의 고통에서 벗어날 수 있고 그의 영혼은 구원

19세기에 제작된 태양계 모형

을 받아 내세에 행복한 삶을 살 수 있다고 했어요.

《노틀담의 꼽추》를 읽다보면 가슴 뭉클한 이야기가 나와요. 독실한 기독교 신자들인 '가련한 여자, 아내 그리고 과부들'은 기도를 하는 작은 방에 숨어 지내야 했어요. 그녀들에게 허락된 삶은 오직 끝이 보이지 않는 고통과 참회 속에서 살아가는 것이었어요. 그로 인해 그녀들은 보통 사람이라면 누구나 가지고 있을 욕구를 잃어버린 채 괴로운 나날을 보내야 했어요. 결국에는 몸도 마음도 피폐해져 비참하게 죽어갔지요. 이 이야기는 인성을 탄압하는 신학의 무자비한 면모를 여실히 드러내고 있어요.

철학자 홉스

천년 가까이 이어진 중세 암흑기가 막을 내리자, 이후 등장한 근대 철학자들은 거침없이 신학을 비판하고 반박하기 시작했어요. 그들의 목적은 인간의 사상과 지식을 신학의 속박에서 해방시키는 것이었어요. 자연과학의 영향을 받은 사상가들은 대부분 유물론이나 감각주의를 받아들여 새로운 철학 이론을 발표했어요. 그들은 창조주가 인간을 만들었다거나 인간의 영혼은 결코 사라지지 않는다는 등의 신학 사상에 정면으로 이의를 제기했어요.

라메트리(Julien Offroy De La Mettrie, 1709~1751)는 처음에는 신학을 공부했으나 이후 의학을 배웠어요. 그는 인간과 동물이 본질적으로 다르지 않다며 '동물은 기계'라는 의견을 발표한 다음 이어서 '인간도 기계'라고 주장했어요.

홉스도 그들 중 하나였어요. 그는 갈릴레이의 기계 역학 성과를 정리하고 기하학적 방법을 도입해 인간은 자연이 창조해낸 존재라고 주장했어요. 홉스는 《리바이어던(Leviathan)》에서 인체를 기계적인 시계에 비유했어요. 그는 인간의 심장은 태엽, 신경은 시계바늘, 그리고 관절은 톱니바퀴에 비유하며 인간을 자연이 만들어낸 가장 정교한 공예품이라고 했어요.

《리바이어던(Leviathan)》표지

의학박사였던 라메트리도 역학, 의학, 해부학, 생리학 분야의 자료를 모아 집필한 《인간 기계론(L' Homme-machine)》에서 처음으로 인간은 기계라는 주장을 펼쳤어요. 그는 육체의 상태에 의해 영혼의 상태도 결정된다는 것을 증명하려고 하였고 사고가 대뇌에서 이루어지는 활동임을 입증했어요. 또한 식물은 말할 것도 없고 동물과 인간조차도 '밀가루 반죽'으로 된 원소로 이루어져 있다고 생각했어요.

라메트리는 "인간은 그렇게 귀한 것으로 만들어진 존재가 아니다. 자연은 그저 똑같은 밀가루 반죽을 각기 다른 방식으로 발효시켜 생명체를 만들었다."라고 말했어요.

라메트리는 생각하는 기관인 영혼과 대뇌조차도 밀가루 반죽으로 만들어졌다고 생각했어요. 그에 따르면 영혼과 육체는 분리할 수 없고 영혼은 육체가 있어야만 존재할 수 있어요. 육체가 잠이 든 틈을 타 영혼도 휴식을 취하지요. 영혼은 감각기관의 자극에 따라 움직여요. 그러므로 자극이 감각기관을 통해 신경을 타고 대뇌로 전달되어야만 비로소 '생각'을 할 수 있어요.

인간과 동물이 모두 기계로 만들어졌다면 인간과 동물의 차이는 무엇일까요?

홉스처럼 라메트리도 인간은 자연이 더 정교한 도구로 세밀하게 만든 기계일 뿐이라고 생각했어요. 그의 말에 의하면 인간은 심장과 정신이 함께 움직이는 기계로 맥박을 통해 힘과 생명력을 측정할 수 있고 이를 통해 영혼의 성질을 판단할 수 있어요.

그는 인간의 신체가 거대하고 정밀한 시계와 같다고 생각했어요. 초침을 제어하는 톱니바퀴가 멈추더라도 분침 톱니바퀴는 계속 돌아갈 것이고 초침과 분침 톱니바퀴가 녹슬어 더 이상 가지 않더라도 시침 톱니바퀴와 다른 톱니바퀴들은 여전히 돌아갈 거예요. 왜냐하면 심장 안에 들어있는 기계 엔진과 같은 동력기관이 톱니바퀴가 돌아가도록 할 테니까요.

이렇게 보면 인간과 동물은 본질적으로 모두 기계에 불과해요. 단지 인간이 동물보다 더 복잡하고 정교한 것뿐이지요.

"동물과 달리 사람은 '완벽한 동물' 보다도 더 많은 톱니바퀴와 스프링을 갖고 있으며 뇌와 심장의 거리 비율이 완벽에 가깝다. 그렇기 때문에 더 많은 피가 필요하고 이 때문에 이성이 생긴 것이다."

이것이 바로 라메트리가 주장한 '인간기계론' 의 핵심내용이에요.

인간이 기계이고 동물도 기계이므로 인간과 동물은 모두 살아있는 기계라는 공통점이 있어요. 다만 인간이 동물보다 더 정교할 뿐이에요. 그러므로 인간은 본질적으로 동물과 비슷한 본성을 갖고 있어요.

동물은 감각의 지배를 받아 행동해요. 그렇기 때문에 무엇이 자신에게 득과 해가 되는지를 본능적으로 파악하고 생존을 위한 길을 찾지요. 다들 알다시피 늑대는 굉장히 포악하고 잔인한 동물로 공격성향이 강해요. 일단 배가 고파지면 종류를 가리지 않고 자기보다 약한 동물들을 잡아

먹어요. 하지만 자기가 당해낼 수 없는 사자나 호랑이 같은 동물의 위협이 느껴지면 그 즉시 멀리 멀리 도망가 버려요. 이처럼 모든 동물들은 약육강식의 법칙에 따라 먹고 먹히는 관계에서 벗어날 수 없어요. 그들에게 평화나 우정 같은 것은 존재하지 않아요.

인간과 동물이 비슷한 구조로 만들어졌다면 인간도 동물처럼 감정에 따라 행동할까요? 홉스는 인간의 본성 중 경쟁심, 상호불신, 명예욕은 분쟁을 일으키는 세 가지 주된 원인이며 인간도 늑대처럼 타인을 공격하는 성향이 있다고 주장했어요.

자연스러운 인간의 본성에 따라 사람들은 이익을 위해 타인을 공격하고 안전과 명예를 위해 폭력을 써요. 이런 본성 탓에 인간들은 마치 늑대처럼 서로 투쟁을 해요. 만약 인간사회를 달리기 트랙이라고 하고 모든 사회구성원을 경주에 참가한 선수라고 한다면 최종 목표는 바로 이익이라고 할 수 있어요. 인생은 돈, 권력, 명예를 얻기 위해 끊임없이 스스로를 채찍질하는 과정이에요. 그리고 인생의 목적은 바로 이 이익을 위한 경쟁에서 이겨 물질적 욕망을 충족하는 것이지요.

동물이나 인간이 서로 더 많은 것을 차지하기 위해 다투는 것은 자연스럽고 이기적인 본성이에요.

'인간은 기계'라고 본 기계론적 유물론은 인간의 물질성을 인정하고 영혼이 육체에 부속되어 있음을 강조했어요. 또한 인간의 자연적인 본성을 인정하며 인간이 이익을 추구하는 것은 합리적인 행동이라고 주장했어요. 이로 인해 금욕주의와 자기희생을 요구하던 신학은 심각한 타격을 입었고 신에게 속박되어 있던 인간은 드디어 자유를 얻게 되었어요.

그러나 단순한 기계운동만으로 인간의 모든 생리활동과 심리활동을 해석하는 것은 문제를 지나치게 쉽게 생각한 거예요. 논리적 비약이 심하기 때문에 자연히 설득력이 부족하지요. 현대과학에 의하면 인간의 생명현상은 매우 복잡해요. 비록 기계와 비슷한 물질적 특성이 있고 일부는 기계와 유사한 원리로 운동을 하기도 하지만 이것은 인체 중 가장 단순한 부분의 특징에 불과해요.

기계는 자체적으로 발전하지 못하지만 사람은 계속해서 발전하고 변하는 존재예요. 또한 기계는 사고기능이 없지만 인간은 사고기능은

체력만 놓고 보자면 인간은 동물을 이길 수 없어요. 하지만 인간은 지혜를 이용해 자신보다 강한 동물을 사냥하지요

홉스(Thomas Hobbes, 1588~1679)
영국의 사상가. '인간은 다른 인간에게 있어 늑대 같은 존재'라고 생각했어요.

라메트리는 사람
은 기계와 같다고
생각했어요. 하지
만 이런 주장은 너
무 어설픈 데가 많
아요. 예를 들어 기
계는 해체할 수 있
지만 인간은 그럴
수 없잖아요.

물론이고 감정, 의지, 도덕과 같은 심리기능도 가지고 있어요.

그 중에서도 가장 중요한 것은 인간은 '인성'을 갖고 있다는 점이에
요. 그런 인간을 어떻게 동물과 비교할 수 있겠어요? 사실 자연적인 본
성만으로 인간의 존재를 파악하려 한 것은 인간을 신의 손아귀에서 구
해내 짐승들 사이로 던져버린 것이나 다름없어요. 인간은 신도 아니지
만 그렇다고 짐승도 아니에요. 그럼 사람은 무엇일까요?

자유
의지

태초에 시작된 인간의 자아 찾기 여정은 아직까지도 계속되고 있어요. 그 고된 여정에서 감성과 이성이라는 두 갈래 길을 만나게 된 인간은 두 팀으로 나뉘어 길을 떠났어요. 그 결과 '기계', '지적욕구', '쾌락' 등의 서로 다른 결론에 도달하게 되었어요.

하지만 감성의 길을 걸었든 이성의 길을 걸었든 인간의 본성은 이성이고 사회를 통해 인간을 통제해야 한다는 데는 이견이 없었어요. 그러나 19세기 들어서 주류에 순응하지 않고 딴죽을 거는 사상가들이 나타났어요. 인간 본성의 또 다른 면을 발견한 그들은 신도 정신도 아니고 물질도 느낌도 아닌 그저 맹목적이고 본능적인 의지가 인간이라고 주장했어요.

갈수록 많은 철학자들이 인간의 비이성적인 성향을 탐구하는 데 몰두했어요. 그리고 그들은 어느 틈에 주류의 자리를 꿰차고 사회의 전면

밀로의 비너스. 그녀의 눈빛을 보고 있자면 생각하는 것이 얼마나 고통스러운지 알 것 같아요.

으로 나서기 시작했어요. 가장 먼저 기존의 틀을 박차고 나온 것은 19세기 독일의 의지주의였어요. 대표적인 인물은 '삶에 대한 의지'를 주장한 쇼펜하우어와 '권력의 지'를 주장한 니체였어요.

쇼펜하우어는 독일의 부유한 상인집안에서 태어났어요. 그는 어려서부터 괴팍하고 거만하고 변덕스러운 사람이었어요. 쇼펜하우어는 장사를 혐오하고 학자의 삶을 동경했어요. 그러나 그의 저서는 그의 성격만큼이나 괴팍스러워 사람들의 인정을 받지 못했어요. 결국 그의 대표작인 ≪의지와 표상으로서의 세계≫는 출판된 지 30년 만에야 겨우 빛을 발하게 돼요. 이때 이미 인생의 황혼기에 접어들었던 쇼펜하우어는 이 책의 성공으로 만천하에 이름을 알리게 되었어요.

쇼펜하우어와 이성주의의 대부였던 헤겔은 같은 시대를 살았어요. 당시 헤겔의 이성주의는 사상계의 전폭적인 지지를 받고 있었어요. 하지만 쇼펜하우어는 '인간의 본질은 이성'이라고 하는 헤겔에게 정면으로 도전장을 던지며 "나는 내 의지대로 된다."라고 주장했어요. 그의 주장은 한 마디로 '파격'이었어요. 쇼펜하우어는 단 한마디로 창조주, 정신 실체, 물질 실체에서 만물의 근원을 찾던 낡은 생각을

부정하고 태양, 달,
지구 및 세상에
존재하는 모든
것들을 삶에
대한 의지의
발현으로 만
들었어요.

쇼펜하우어의 《의지와 표상으로서의 세계》
친필 원고와 쇼펜하우어

그는 "인간
의 본질은 오로
지 의지이다. 인간
자체는 단지 이 의지가
밖으로 드러난 현상이다."라고 주장했어요.

쇼펜하우어는 인간의 내면과 외면이 지금의 형태를 갖고 있는 것은
모두 인간이 가진 의지 덕분이라고 했어요. 그는 인간이 의지를 갖고
있기에 기억, 성격, 지혜 등 모든 심리활동과 육체활동을 할 수 있는 거
라고 말했어요.

왜 갓 태어난 아기들에게 머리가 있는 것일까요? 쇼펜
하우어에 따르면 아기들도 선천적으로 생각하고자 하는
의지가 있기 때문이에요. 그럼 혈관, 심장, 입, 위 등은
왜 있는 거지요? 이에 대해서도 쇼펜하우어의 대답은 똑
같아요. "태어나기 전부터 혈액을 흐르게 하려는 의지,
음식을 먹고 소화시키려는 의지가 있기 때문이다.."

그렇다면 과연 의지란 무엇인가요? 한마디로 말하자

쇼펜하우어(Arthur
Schopenhauer, 1788~1860)
그는 의지가 세상의 본질이고 인
간의 몸과 장기는 의지의 표현이
라고 주장했어요. 또한 살인과
약탈, 음모와 속임수로 뒤엉킨
것이 역사라고 생각했어요. 주요
저서로는 《의지와 표상으로서의
세계》가 있어요.

이성주의의 대부 헤겔. 쇼펜하우어는 언제나 헤겔과 겨루고 싶어 했어요. 그래서 일부러 수업 시간을 헤겔의 수업과 같은 시간대로 배정받았어요. 하지만 결과는 쇼펜하우어의 참패였어요. 모든 학생들이 헤겔의 수업을 선택했거든요.

면 의지는 삶을 향한 막을 수 없는 충동이에요. 그것은 언제 어느 곳에나 존재하며 결코 만족할 줄을 몰라요. 마치 가슴에 숨겨둔 한 마리 맹수처럼 여기 저기를 헤집고 다니지요. 삶에 대한 의지는 끊임없이 자아를 실현하고 생명을 연장시켜 결국 삶을 유지하고 자손을 번식시키도록 만들어요. 삶에 대한 본능적인 의지는 사람뿐만 아니라 동물도 가지고 있어요. 다만 동물의 삶에 대한 의지는 무의식적일 때가 많지만 인간의 의지는 의식적이라는 차이가 있어요.

쇼펜하우어의 삶에 대한 의지는 철학, 문학 등 사상계 전반에 엄청난 충격을 몰고 왔어요. 그 중에서도 가장 큰 영향을 받은 사람은 니체였어요.

니체는 "쇼펜하우어는 현대인들이 '진정한 자아'를 발견하도록 했다."라고 말했어요. 하지만 니체가 쇼펜하우어의 생각에 늘 찬성했던 건 아니었어요. 그는 인간이 비이성적인 의지라는 생각에는 동의했지만 단순히 삶에 대한 의지에 불과하다는 주장에는 반대했어요.

니체는 인간의 삶을 끝없는 자기극복의 과정이라고 보았어요. 삶은 생존을 위해 몸부림치는 것이 아니라 더

니체(Friedrich Wilhelm Nietzsche, 1844~1900)

독일의 유명한 철학자이자 시인이에요. 니체는 "신은 죽었다."라고 선언했어요. 이를 통해 인간이 모든 가치를 재평가할 수 있는 기회를 마련해주었어요. 니체에 따르면 인간은 동물과 '초인'을 연결하는 끈으로 위태롭게 절벽 끝에 서있는 존재라고 해요. 주요 작품으로는 《차라투스트라는 이렇게 말했다》, 《비극의 탄생》 등이 있어요.

나은 존재로 나아가고 발전하는 것을 말해요. 이를 바탕으로 니체는 삶의 의지는 권력 의지라고 주장했어요. 다시 말해 인간의 본질은 현재의 자기를 극복하고 더 나은 존재로 발전해 나가면서 정복하고 통제하고 재창조하려는 강력한 생명력이에요.

쇼펜하우어는 어려서부터 아버지를 따라 세상 곳곳을 돌아다녔어요. 아마 그 과정에서 서로 속고 속이며 강자가 약자를 지배하는 세상의 어두운 면을 많이 본 탓이었을까요? 그는 인간의 만족할 줄 모르는 욕망에 넌더리가 났어요. 인간은 행복을 위해 고생을 마다않고 일하다가 목표가 실현되는 순간 엄청난 기쁨을 맛보게 돼요.

고대 그리스의 부조. 술 취한 두 사람이 어깨동무를 하고 있어요. 곤드레만드레 취해 바보같이 웃고 있지만 사실 그들의 웃음에서는 진한 페이소스가 묻어나고 있어요.

술의 신 디오니소스

하지만 얼마 안가 걷잡을 수 없는 허무함에 빠져 다시금 새로운 욕망을 찾아 나서요. 그러다가 목표를 실현할 수 없게 되면 더 큰 고통과 실망감에 빠져들게 되지요. 이처럼 인간은 그칠 줄 모르는 맹목적인 추구와 그로 인한 허무, 고통 사이를 오가는 삶을 살아요.

본질이 이렇기 때문에 삶은 비극이 될 수밖에 없어요. 그렇다면 어떻게 해야 비극적인 삶과 고통 속에서 헤어날 수 있을까요?

니체는 고통이 삶에 대한 의지에서 비롯된 것이라면 고통을 이기는 유일한 방법은 모든 욕망을 버리고 삶마저도 끊어버리는 것이라고 했어요. 이렇게 삶에 대한 의지는 삶의 비극적인 면을 드러낸 다음 삶 자체를 부정하는 염세주의(세상이나 인생에 실망하여 이를 싫어하는 생각)와 허무주의(개인을 모든 제도와 관습의 속박에서 해방하여 자유로운 사회를 조직하고자 하는 사상)에 빠지게 돼요.

인생이 비극으로 가득 차 있다고 보기는 니체도 마찬가지였어요. 그는 디오니소스를 예로 들어 무절제한 음주가무, 본능의 방임을 통한 자기파괴와 우주를 융합시키려는 충동이 바로 비극을 탄생시켰다고 말했어요.

니체의 삶은 그야말로 한 편의 비극이었어요. 평생을 병마에 시달리며 크고 작은 부침을 겪어야 했고 일도 삶도 뜻대로 되지 않았어요. 더군다나 말년에 가서는 친구 하나 없이 적적한 나날을 보내야 했어요. 어느 날, 쓸쓸한 거리를 혼자 걸어가던 니체는 마부의 가차 없는 채찍질을 견디며 질주하는 말들을 보았어요. 그 순간 그는 뜨거운 눈물을 흘리며 통곡했어요. "불쌍한 내 형제들이여, 어쩌다가 이런 고통을 당하게 되었나."

궁지에 몰린 쥐가 고양이를 문다는 말처럼 더 이상 물러설 곳이 없던 니체는 오히려 모든 것을 바꾸려는 용기를 얻게 됐어요. 그는 힘겨운 삶을 살았지만 결코 현실에 불만을 품지 않았어요. 오히려 초인을 숭배하며 어려움을 극복했지요. 니체는 인생은 비극이지만 인간은 삶의 고통을 초월해서 자신만의 인생을 창조할 수 있다고 주장했어요. 그리고 그렇게 자신의 인생을 만들어 가다보면 결국 가슴 뭉클해지는 '아름다운 비극'을 보여줄 수 있다고 생각했어요.

동물과 달리 인간에게는 변하지 않는 본성이란 없어요. 권력 의지의 본질은 끊임없이 창조하고 초월하는 거예요. 니체는 세상을 경악시킨 "신은 죽었다."라는 선언을 통해 인간이 곧 신이고 자기 자신의 주인이라고 주장했어요.

그렇다면 니체는 인간이 무엇이라고 생각했을까요? 그에 의하면 인간은 스스로 창조해 낸 존재이며 동물을 초월한 결과물이에요. 인간의

니체의 《비극의 탄생》 표지

귀천과 능력은 모두 얼마나 초월하고 창조하느냐에 달려있어요.

그러나 세상에 완벽한 인간은 없어요. 성적이든 성격이든 아니면 경제력이든 인간관계든 누구나 스스로에게 불만족스러운 부분이 있기 마련이에요. 이때 그런 부분을 극복하고 새로운 자아를 창조할 수 있는지 여부는 인간의 창조능력에 달려있어요.

니체가 창조한 '초인'이에요. 초인의 곁에는 용기를 상징하는 매와 지혜를 상징하는 뱀이 따르고 있고 범인凡人을 초월한 그는 인간들의 머리 위에서 걷고 있어요.

창조에는 기회와 모험이 공존하고 있어요. 니체는 "인간 자체가 모험이다."라고 했어요. 그는 위험을 무릅쓰고 탐색하고 도전해서 어려움을 극복하고 자아를 실현하라고 외쳤어요.

모험은 기회가 될 수도 있지만 쓰라린 실패를 안겨줄 수도 있어요. 강자에게는 기회가 될 것이고 약자에게는 충격이 될 거예요. 약자는 언제나 위험 앞에서 꼬리를 내리면서도 창조의 기회를 놓칠까봐 불안해하고 고민해요. 하지만 강자는 위험을 두려워하지 않아요. 설령 뜻밖의 실패를 당하더라도 자신의 나약함을 극복하고 전화위복의 계기로 삼지요.

광인狂人 니체

니체는 인간이 처음부터 불평등하게 태어났다고 생각했어요. 모든 인간이 권력 의지를 가지고 있기는 하지만 강약이 서로 달라요. 오직 강한 정복의지와 창조의지를 가진 '초인' 만이 도전하고 위험을 극복해 인생의 가치를 실현할 수 있어요.

그럼 '초인' 은 누구인가요? 초인은 강력한 의지의 화신이에요. 그는 위험 앞에서 절대 물러서지 않고 게으름을 피우지 않아요. 오히려 강인한 의지로 고통과 증오, 의심에 맞서며 치열한 투쟁 속에서 생의 기쁨을 얻지요. 초인은 강한 권력 의지를 가지고 있고 용감무쌍하며 생명력이 넘쳐요. 지축을 뒤흔드는 폭풍우 같은 초인은 나약하고 평범한 인간들의 의지를 자극해요.

니체는 초인은 진정한 영웅이자 비범한 정복자라고 보았어

니체의 운명의 여인, 루 살로메

바그너. 처음 바그
너를 알았을 때, 니
체는 그에 대한 흠
모의 정으로 가득했
어요. 하지만 결국
냉정하게 절교를 선
언하고 적으로 돌아
서게 돼요.

요. 그래서 노력하지 않고 무사안일만을 바라는 평범한 인간들은 초인의 지배를 받아야 한다고 생각했어요.

또한 니체는 강력한 의지를 가진 초인을 숭배했을 뿐만 아니라 스스로도 자신이 꿈꾸는 이상적인 초인이 되기 위해 평생 동안 노력했어요. 그는 병마에 시달리며 죽음보다 못한 삶을 살았지만 강인한 의지로 고통을 참아내 결국 역사에 길이 남을 위대한 정신 유산을 남겼어요.

이제 쇼펜하우어의 삶의 의지와 니체의 권력 의지를 비교해 볼까요? 전자는 '생존'을 추구했고 후자는 '창조'를 추구했다는 점에서 차이가 있지만 둘 다 사회와 자연의 구속에서 벗어나려 했고 의지와 본능을 해방시켰다는 공통점이 있어요. 그리고 인간의 삶과 발전, 세상의 존재와 발전도 의지에 의해 결정된다고 생각했어요.

의지주의자들은 인간의 의지 자체에 큰 의미를 부여했으며 지나칠 정도로 개인의 자유를 강조했어요. 지나치게 개인의 의지만을 강조한 결과 외부 세계를 깜빡 놓쳐버리는 잘못을 저질렀어요. 그들은 타인과 사회의 행복과 고통은 외면한 채 오로지 자신만의 세계에서 높은 벽을 쌓고 살았어요. 또한 자기 자신에게는 한정 없는 연민과 사랑을 느끼면서도 타인에게는 지나치게 매정했어요.

쇼펜하우어는 욕망을 버리고 운명에 순응해야 한다고 주장했지만 실제로 그 자신은 지극히 이기적이고 탐욕스러운 사람이었어요. 일례로 쇼펜하우어는 고급 식당에서 푸짐하게 차려진 음식을 폭식하는 습관이 있었어요. 수차례 연애 스캔들을 일으키기도 했고요. 또 괴팍한 성격 탓에 주변 사람들과 수없이 마찰을 빚었어요. 일화에 따르면 여자 재봉사와 싸움을 벌이던 쇼펜하우어는 너무나 화가 나 그녀를 계단 아래로 밀어버렸다고 해요. 그래서 결국 재봉사는 남은 평생을 불구로 살아야 했어요.

니체의 경우는 지나치게 권력 의지를 강조한 나머지 편집증과 망상에 사로잡혀 나중에는 '미치광이'로 불릴 정도로 정신이 쇠약해졌어요. 친구를 사귈 때도 극도로 까다로워서 일단 친구의 생각이 자기와 다르다고 여겨지면 그 즉시 관계를 끊을 정도였어요. 독일의 유명한 작곡가인 바그너(Wilhelm Richard Wagner, 1813-1883)와의 사이가 그랬어요. 처음에 니체는 바그너를 존경하고 사랑했어요. 하지만 둘 사이에 이견이 생기자 니체는 그토록 좋아하던 친구에게 야멸치게 절교를 선언했어요. 그러고 나서 니체는 말했어요. "바그너와의 절교는 운명이요 행운이다."

본능과
충동

1882년, 안나라는 이름의 히스테리 환자는 의학사상 가장 큰 변화를 불러온 환자로 기록되었어요.

21살의 안나는 원래 영리하고 지적인 아가씨였어요. 그런데 병든 아버지를 간호하다가 전신마비, 우울증, 정신착란 등의 히스테리 증상을 보이기 시작했어요. 이로 인해 그녀는 정신과 치료를 받게 되었어요. 어느 날, 안나의 주치의는 그녀 스스로 자신이 보는 환상과 망상에 대해 이야기하게 하면 정신착란 증세가 완화된다는 사실을 알아냈어요. 안나를 치료할 방법을 알아낸 주치의는 최면치료를 통해 그녀의 정신을 짓누르고 있던 생각들을 밖으로 표현하게 했어요.

그 결과, 맑은 정신에서는 병의 원인이나 증상, 생활과의 관련 여부를 알 수 없었으나 최면상태에서는 이 모든 것을 알 수 있었고 증상도 깨끗이 사라졌어요. 이것은 평상시에는 입 밖으로 꺼내지 못하는 감정도 스스로를 통제할 수 없는 최면상태에서는 전부 밖으로 드러낸다는 사실을 알려주었어요.

당시 안나의 사례에 큰 관심을 보이는 젊은 의학도가 있었어요. 그는 최면치료를 응용해 사람의 정상적인 정신상태 이면에 '무의식'이라는 또 다른 강력한 의식이 존재한다는 사실을 알아냈어요. 이렇게 해서 인성 연구 분야의 새 장을 연 사람이 바로 그 이름도 유명한 정신분석학의 아버지 프로이트예요.

프로이트는 1856년 오스트리아의 유태인 상인 집안에서 태어났어요. 그는 어려서부터 매우 영리하고 다재다능한 사람이었어요. 1881년 빈 의과대학을 졸업한 프로이트는 이후 정신분석학 연구에 매달렸어요. 흔히 열 길 물속은 알아도 한 길 사람 속은 모른다고 하잖아요. 그 말처럼 인간의 정신세계는 신비롭고 복잡해서 그 끝을 알 수 없는 깊은 어둠과도 같아요. 프로이트가 알고자 했던 것은 그 깊은 어둠 속에서도 가장 밑바닥에 있는 의식세계였어요.

프로이트가 출현하기 이전까지 정신세계에 대한 인식은 겉으로 드러나는 '의식'에만 국한되어 있었어요. 인간의 영혼 활동이 곧 의식이라고 생각했지요. 사람들이 그토록 이성에 대한 연구에 몰두했던 이유는 이성으로 욕망을 억제하기 위함이었어요. 그런데 프로이트는 안나의 사례와 엄청나게 많은 양

프로이트(Sigmund Freud, 1856~1939)
오스트리아 빈 출신의 의사이자 심리학자로서 정신분석학의 창시자로 불리고 있어요. 프로이트에 따르면 인간의 정신세계는 의식과 잠재의식으로 구분되어 있으며, 성충동은 모든 문명의 근원이라고 해요. 또한 그는 생리적 현상이자 심리적 현상인 꿈에 대해 깊이 있는 연구를 진행했어요. 주요 저서로는 《꿈의 해석》이 있어요.

의 비슷한 사례를 바탕으로 기존의 인식을 단번에 무너뜨리는 이론을 발표했어요. 그는 인간의 정신세계가 의식, 전前의식 그리고 무의식으로 나누어져 있다고 주장했어요.

의식, 전의식, 무의식의 관계를 삼층 높이 건물에 사는 사람들로 비유해 볼게요. 먼저 의식은 정신세계의 '가장' 역할을 맡고 있어요. 의식의 바로 아래층에는 '전의식'이 살고 있어요. 비록 계단 앞에 경찰이 지키고 서있지만 원한다면 언제라도 위층에 사는 '의식'을 만나러 갈 수 있어요. 맨 밑에는 '무의식'이 살고 있어요. 무의식은 법률, 도덕, 종교가 가장 예의주시하며 통제하려고 하는 본능적 충동이자 욕망이에요.

만약 의식, 전의식, 무의식의 관계를 삼층 높이 건물에 사는 사람에 비유한다면 의식은 정신세계의 '가장'으로 맨 위층에 살고 있다고 볼 수 있어요. 이것은 영혼, 이성, 감각, 지각, 사유, 감정, 표상 등과 관련이 있는 부분이에요.

빈(Vienna)은 정신분석학의 요람이에요.

의식의 아래층에는 전의식이 살고 있어요. 이 부분에서 일어나는 심리활동은 비교적 안정적이고 규칙을 잘 따라요. 전의식은 의식과 무의식의 중간자적 존재로 비록 계단 앞에 경찰이 지키고 서있지만 원한다면 언제라도 위층에 사는 '의식'을 만나러 갈 수 있어요.

가장 아래층에 살고 있는 것은 '무의식'이에요. 그것은 법률, 도덕, 종교의 통제 대상인 본능적 충동이에요. 교육을 받은 적이 없는 '무의식'은 규칙을 잘 몰라요. 그렇기 때문에 수단방법을 가리지 않고 경찰의 감시를 피해 전의식과 의식 앞으로 나서려고 하지요. 우리는 곳곳에서 불성실한 무의식이 경찰의 눈을 피해 돌아다니는 현상을 목격할 수 있어요.

예를 들어 아이들은 뭐든 하고 싶은 대로 행동해요. 먹고 싶으면 먹고 자고 싶으면 자고 화가 나면 울며불며 난리를 치지요. 어른도 가끔 생각 없이 말실수를 하거나 잘못된 행동을 하곤 해요. 의식이 잠들었을 때 꾸게 되는 꿈은 가장 활발하고 전형적이며 순수한 무의식의 표출이에요.

만약에 인간의 정신세계를 바다에 떠 있는 빙산에 비유한다면 수면

〈헬레네의 납치〉. 프로이트의 학설에 따르면 파리스가 헬레나를 납치한 것은 리비도 때문이에요.

위로 조금 나와 있는 부분이 의식이고 바다 밑에 가라앉아 있는 거대한 얼음덩어리가 무의식이라고 할 수 있어요. 프로이트는 무의식이 정신세계의 대부분을 차지하고 있고 정신의 바탕을 이룬다고 생각했어요. 그러므로 인간을 알려면 먼저 무의식을 알아야 한다고 했어요.

또한 프로이트는 무의식이 인간 활동의 기초이자 본질이며 그런 무의식의 핵심은 본능적 충동이라고 주장했어요. 인간은 왜 배가 고프면 찬밥 더운밥 가리지 않는 거예요? 왜 욕망을 주체하지 못하는 거지요? 프로이트에 따르면 인간도 자연이 낳은 생물이므로 기본적인 본능을 가지고 있어요. 그리고 모든 인간은 사회규범을 무시하고 본능에 따르려는 본성이 있어요.

프로이트가 말한 본능은 무엇일까요? 그에 따르면 생사生死의 본능과 같이 선천적으로 가지고 있는 기본적인 생리적 요구가 본능이라고 해요. 구체적으로 보자면 음식을 먹고 자신을 보호하며 후손을 낳는 것은 삶의 본능이고 증오하고 죽이고 파괴하는 것은 죽음의 본능이에요. 일단 본능적 충동이 일어나면 우리 몸은 긴장하고 흥분하게 돼요. 그렇게 되면 본능은 무의식적 본능이 야기한 긴장 상태를 해소하여 '긴장 없는 열반상태(nirvana)'에 이르기 위해 행동과 사고를 총동원해 바라는 것을 충족시켜요.

그렇다면 본능은 어떻게 이런 힘을 갖게 된 걸까요? 이에 대해 프로이트는 리비도(Libido, 정신분석학 용어로 성충동, 성본능을 뜻함) 개념을 제시했어요. 인간의 본능적 충동이 일어날 때, 일종의 생화학적 변화 과정으로서 리비도는 강력한 추진력을 발휘해요. 이를 통해 인간이 어떠한 구속에도 얽매이지 않고 즐거움과 만족을 추구하도록 하지요. 한 가지 예를 들어 볼게요. 여러분이 도저히 참을 수 없을 만큼 굶주려 있다고 해봐요. 그러면 리비도는 엄청난 에너지를 분출해서 여러분이 위험을 무릅쓰고 온갖 방법을 다 동원해 먹을 것을 구하도록 해요.

인간의 본능 중에서도 프로이트가 특히 주목한 것은 성본능이었어요. 그는 성본능과 성충동이 인간의 가장 근원적인 에너지라고 생각했어요.

프로이트에 의하면 성본능은 어린 시절에 만들어져 활동하기 시작해요. 이것은 모든 심리 활동에 영향을 미치는 기본적인 에너지예요.

인간은 영아기에 젖을 빨며 입술을 통해 만족감을 얻어요. 이것이 인간이 최초로 느끼는 성충동이에요. 유아기 아이들은 배변을 통해 쾌감을 얻게 돼요. 성장기의 남자아이는 어머니에게 사랑을

배고픔을 이기지 못한 인간은 리비도의 에너지를 받아 불가사의한 힘을 발휘하게 돼요.

느낌과 동시에 아버지에게 반감을 갖는 '오이디푸스 콤플렉스'를 겪게 되고 여자아이는 이와 반대되는 '엘렉트라 콤플렉스'를 겪어요.

무의식의 본능적 충동은 맹목적이에요. 그런데도 무조건적으로 리비도에 따른다면 어떤 일이 일어나겠어요? 바로 그렇기 때문에 프로이트는 이성의 중요성을 부정하지 않았어요. 어찌 되었거나 인간은 사회 안에서 살아야 하고 도덕과 법률 같은 이성 규칙을 따르지 않을 수 없으니까요. 그래서 그는 원초아(id), 자아(ego), 초자아(superego)의 세 가지 성격 구조를 제시했어요.

원초아는 선천적이고 본능적인 것으로 육체의 생리 상태와 밀접한 관계가 있어요. 간단히 생각하면 각종 흥분제가 다 들어있는 용광로 같은 것이에요. 원초아는 쾌락 원리의 지배를 받으며 모든 생리적 욕구를 만족시키려고 해요.

자아는 원초아와 외부세계의 중재자예요. 이것은 현실 원리에 따라 작동하며 원초아를 통제하면서 동시에 충족시키는 역할을 해요. 만약 원초아를 야생마라고 한다면 자아는 그 야생마를 길들여 타는 존재라고 할 수 있어요.

초자아는 도덕규범이나 종교관념이 내면화된 것이에요. '이상적 원칙'을 따르는 초자아는 원초아를 감시하고 자아를 통제하여 충동을 다스리고 교양 있게 행동하도록 만들지요.

실제 인간은 본능적이면서도 이성적이고 사회적이에요. 한마디로 원초아와 자아 그리고 초자아가 하나로 합쳐진 존재이지요. 하지만 프로이트는 원초아를 인간의 본성으로 보았어요. 그래서 원초아는 소멸시킬 수도 구속할 수도 없으며 사회적 규범의 제약을 받더라도 완전히 통제할 수는 없다고 생각했어요.

또 한 가지 흥미로운 점이 있어요. 프로이트는 성본능과 성충동이 현실적으로 충족되지 못할 때, 도리어 과학, 예술, 사상의 발전에 도움이 되는 사회에 유익한 활동으로 바뀐다고 생각했어요. 프로이트는 성본능으로 인해 생긴 창조력만이 위대한 작품을 탄생시킬 수 있다고 주장했어요.

그는 레오나르도 다빈치(Leonardo da Vinci, 1452~1519)의 세계적인 명작 〈모나리자〉를 예로 들었어요. 다빈치는 모델의 얼굴과 입술 사이에서 어머니의 미소를 발견했어요. 순간 다빈치는 무의식에 숨어 있던 어머니에 대한 성본능과 성충동을 느꼈어요. 그 덕분에 신비한 매력을 발산하는 모나리자의 미소가 화폭에 담길 수 있었어요. 셰익스피어(William Shakespeare, 1564~1616)도 마찬가지예요. 실연의 상처를 간직한 채 《햄릿》을 쓰기 시작한 셰익스피어는 아픔을 승화시켜 여주인공 오필리아를 탄생시켰어요.

프로이트의 이론에 대해서는 아직도 수많은 의견이 팽팽하게 맞서고 있어요.

레오나르도 다빈치의 〈모나리자〉. 그녀의 보일 듯 말 듯한 미소는 영원한 수수께끼로 남아있어요.

심지어 거세게 비난을 퍼부으며 그의 작품을 '음란한 소설'이라고 욕하는 사람도 있어요. 그러나 프로이트를 지지하는 사람들은 그의 이론이 인문, 사회, 과학 등 다양한 분야에 심대한 영향을 미친 점을 높이 평가했어요. 그래서 프로이트를 신대륙을 발견한 콜럼버스에 빗대 '무의식의 발견자'라고 불렀어요.

프로이트에게 어떤 평가를 내리든 그가 무의식을 발견했다는 사실만은 부인할 수 없어요. 그는 온갖 비난에도 참고 견디며 인간 정신의 가장 밑바닥에 있는 것이 무엇인지를 연구했어요. 그 결과 아무도 몰랐던 불안정하고 본능적인 정신세계를 찾아냈어요. 또한 어떠한 것에도 구속받지 않으면서 의식을 관리하는 성본능과 충동도 발견했어요. 이 점만 놓고 보더라도 프로이트는 정말 용기 있는 학자였다고 할 수 있어요. 그가 판도라의 상자를 연 덕분에 인간은 더 다양한 시각으로 자신을 바라볼 수 있게 되었으니까요.

인간은
사회관계의 총체

20세기, 드디어 달 표면에 인간의 발자국이 찍혔어요. 우주공간에서도 인류의 위대한 유산 만리장성을 육안으로 볼 수 있는 사실에 사람들은 놀라움을 감추지 못했어요. 그러나 놀라움은 곧 씁쓸함으로 바뀌었어요. 물질만능주의가 넘쳐나고 탐욕과 거짓이 난무하는 현실은 앞선 시대에 비해 너무도 초라했거든요. 사람들은 얼굴을 들 수 없을 정도로 부끄러웠어요. 그렇게 부끄러움에 몸서리칠 때마다 인간은 스스로에게 물었어요. "인간은 대체 어떤 존재인가?"

우리가 앞서 살펴봤던 인간에 대한 모든 관점은 사회 밖에서 인간을 고찰하고 있어요. 사회 안에 살면서도 정작 사회관계가 인간에게 미쳤을 영향은 무시하고 있지요. 사회라는 현실적인 요소를 빠뜨렸기 때문에 사상가들이 제기한 무수한 이론은 설득력이 부족했어요. '사실'이 아닌 '가설'에 불과했으니까요.

인간은 먹기 위해 사는 존재가 아니지만 살기 위해서는 반드시 먹어야 해요. 그림 속의 음식들은 인간이 먹지 않고는 살 수 없음을 보여줘요.

인간은 과연 어떤 존재일까요? 이렇게 물으면 대부분의 사람들은 밖으로 보이는 형상을 떠올려요. 머리, 사지, 근육, 피부 등을 가진 물질로서의 인간 말이에요. 아담한 체구의 아시아인이든 체격이 큰 유럽인이든, 또 아프리카대륙의 원주민이든 기본적으로 갖추고 있는 형상은 똑같아요.

인간은 동물에서 진화한 존재이자 동물, 식물과 마찬가지로 자연의 품에서 성장한 생물이에요. 그러므로 일단 인간이라는 존재는 다른 모든 생물처럼 햇빛과 물, 영양분을 필요로 하는 생명체예요.

생리적 기관만 놓고 보자면 동물도 사람처럼 이목구비와 사지를 갖고 있으니 둘은 비슷하다고 할 수 있어요. 그러나 인간은 그 밖에도 인식하고 판단하고 상상할 수 있는 사고능력을 갖고 있어요. 어디 사고능력뿐인가요? 오로지 인간만이 감정과 의지 같은 정신적인 요소를 가지고 있어요.

인간이 배부른 돼지가 되느니 배고픈 소크라테스가 되는 길을 택한 것도 인간에게만 있는 '정신' 때문이에요. 현대인들은 의식주와 같은 물질적 욕구보다 문화, 여행 등 정신적 욕구를 만족시키는 것이 더 중요하다고 생각해요. 그래서 평범한 생명체가 아닌 '아름다운 것을 꿰뚫어 볼 수 있는 눈'을 가진 '지적인 존재'가 되기를 간절히 바라지요.

과거 많은 사상가들이 인간의 물질적 욕구와 정신적 욕구를 연구했어요. 전자를 중요하게 생각한 철학자는 '인간은 기계'라고 주장했어요. 반대로 후자를 연구한 철학자는 '인간은 지적욕구를 가진 존재'라고 했어요. 그러나 마르크스에 따르면 이 두 가지 입장은 모두 옳지 않아요. 우선 이 두 가지만으로는 인간과 동물의 근본적 차이를 설득력 있게 설명할 수 없어요. 또한 인간의 풍부한 정신 세계를 설명하기에도 부족한 점이 많아요. 마르크스는 그들이 정신적 본성과 물질적 본성보다 더 중요한 요소인 '사회관계'를 놓치고 있다고 지적했

인간과 동물의 가장 큰 차이는 인간은 정신세계를 추구한다는 점이에요. 인간은 평생 동안 무엇인가를 갈구해요.

어요.

마르크스에 의하면 '인간은 모든 사회관계의 총체'예요. 인간의 물질적 욕구와 정신적 욕구는 사회관계 안에서만 발생하고 충족될 수 있어요. 그러므로 사회야말로 인간에게 있어 가장 기본적으로 필요한 요소예요.

마르크스는 모든 인간은 구체적인 사회관계 안에서만 살아갈 수 있으며 사회를 떠나서는 살 수 없다고 주장했어요. 인간은 사회 안에서 여러 가지 역할을 맡고 있어요. 때론 부모님의 사랑스런 자녀로서, 때론 선생님의 제자로서, 또 어떤 때는 의사 앞의 환자로 상황에 따라 각기 다른 역할을 맡지요. 이렇게 많은 역할을 수행하는 과정에서 여러 분야의 다양한 사람과 만나게 돼요. 그러면서 다양한 형태의 인간관계를 맺게 되지요. 이런 관계는 정치, 경제, 문화계 등 사회 곳곳에서 형성돼요. 계급관계, 교사와 학생, 생산자와 소비자, 친구관계 등 매우 다양한 형태의 관계가 발생할 수 있어요.

각각의 관계는 마치 그물처럼 우리를 둘러싸고 있어요. 그런데 만약 이 그물을 벗어나면 어떻게

모든 인간은 사회라는 그물의 구성요소예요. 만약 사회를 떠나 홀로 생활한다면 '인간'이 될 수 없어요.

될까요? 여러분, '늑대 아이' 이야기를 들어 본 적이 있나요? 어느 날, 늑대 한마리가 마을에 나타나 갓난아이를 물어갔어요. 아이는 이때부터 늑대와 함께 살게 되었어요. 엄마 늑대의 젖을 먹고 자란 아이는 늑대처럼 울부짖고 네 발로 뛰어다니며 먹이를 사냥했어요. 한참의 세월이 흐른 뒤, 우연히 늑대아이를 발견한 사람들은 그를 인간사회로 다시 데리고 왔어요. 그러나 얼마 안가 사람들은 늑대아이가 사람과 겉모습만 닮았을 뿐 속은 완전한 늑대라는 사실을 깨닫게 되었어요.

'늑대 아이' 일화를 통해 우리는 두 가지 사실을 확인할 수 있어요. 첫 번째 사실은 아무리 인간의 모습을 하고 있더라도 사회 안에서 성장하지 않으면 인간의 본성을 가질 수 없다는 것이에요. 두 번째 사실은 사회관계가 인간과 동물을 구별하는 잣대라는 점이에요. 과거 마르크스는 '로빈슨 크루소(영국 작가 다니엘 디포의 장편소설)'를 상상력이라고는 찾아 볼 수 없는 말도 안 되는 이야기라고 거세게 비난했어요. 그러면서 만약 로빈슨 크루소가 실제로 존재했다면 그 역시 인간사회에서 성장하면서 생산 지식과 기술을 익힌 다음에야 무인도에서 살아남을 수 있었을 거라고 주장했어요.

사실 사람이 이룬 모든 창조와 발전은 사회관계 안에서 이루어진 것이에요. 식욕이라는 단순한 물질적 욕구를 채울 때조차도 그냥 생리적 욕구만 해소하고 만 것이 아니라 그 안에 사회성을 담았어요. 사람들은 왜 밥 먹기 전에 노래를 부를까요? 음식 이름 하나를 짓는 데도 고민하는 이유가 무엇일까요? 왜 문화권마다 먹는 음식이 서로 다른 거죠? 강남의 귤나무를 강북으로 옮겨 심으면 탱자가 열린다는 말이 있어요. 주변 환경이 미치는 영향이 크다는 뜻이지요. 인간은 저마다 다양한 형태의 사회관계를 맺고 있어요. 그렇기 때문에 사람마다 다른 물질적 욕구와 사고방식을 갖고 있는 거예요.

사회관계가 사람을 만들었다고 한다면 사회관계란 무엇을 뜻하는 말이지요? 마르크스에 따르면 사람과 사람이 만나면서 만들어지는 모든 관계는 사회관계로 볼 수 있어요. 그 중에서도 가장 중요한 관계는 생산노동 과정에서 만들어지는 관계예요. 생산노동 중에 형성되는 관계가 변하면 전 사회에도 변화가 일어나고 다른 관계들도 변화가 생기게 돼요.

마르크스 이전의 사상가들은 생산노동관계가 미치는 영향은 말할

일을 마치고 다들 함께 모여 쉬고 있어요. 인간이 맺고 있는 많은 사회관계 중의 하나지요.

르누아르의 〈뱃놀이하는 사람들의 점심〉. 사회적 동물로서의 인간을 그리고 있어요.

것도 없고 아예 사회관계 자체에 관심을 두지 않았어요. 그들은 생산노동이라는 현실적인 부분은 무시한 채 사회와 아무런 관계가 없는 '변하지 않는 절대적인 인간'을 찾으려 했어요. 마르크스는 그들의 주장이 현실과 동떨어져 있다고 생각했어요.

마르크스는 인간의 탄생, 생존, 발전, 진화는 모두 사회와 끈끈한 관계를 형성하고 있다고 생각했어요. 특히 생산노동형태와 사회관계, 그리고 인간의 본질이 끊임없이 변하기 때문에 영원히 변하지 않는 인간의 본성이란 이 세상에 없다고 했어요.

그러므로 인간이 무엇인지 알려면 구체적인 사회관계 속에서 해답을 찾아야 해요. 또한 설령 지금은 답을 찾았더라도 사회가 진보하면서 답도 변할 테니 앞으로도 쭉 새로운 답을 찾아야 해요.

선과 악의
투쟁

인간은 천사일까요 짐승일까요?
인간의 본성은 선할까요 악할까요?
동서양의 관점이 대체로 하나로 모아졌으나
중국학자들은 이에 대해 각기 다른 관점을 가지고 있었어요.

천사와
짐승

날개를 단 천사가 성모마리아에게 예수 잉태 소식을 전하고 있어요.

셰익스피어는 주옥같은 작품들로 시공을 뛰어넘어 사람들에게 큰 감동을 안겨주었어요. 그는 번뜩이는 지혜가 담긴 격언으로 인간의 내면에 잠들어있는 본질적인 부분을 자극했어요. "인간은 절반은 천사, 절반은 짐승이다."라는 말도 그래요.

천사하면 무엇이 떠오르나요? 대부분의 사람들이 사랑스럽고 온화한 얼굴에 새하얀 날개를 달고 있는 존재를 생각할 거예요. 반짝반짝 눈부시게 빛나는 그들은 천국과 인간 사이를 오가며 행복한 소식을 전해주지요. 천사는 매우 상냥하고 친근한 존재예요. 〈성경〉에 따르면 천사는 하느님의 사자使者예요. 전지전능한 하느님은 무한한 사랑을 갖고 있으니 그의 사자인 천사도 당연히 그렇겠지요?

이와 반대로 짐승이라고 하면 다들 늑대며 호랑이며 사자 같은 포악하고 사나운 동물을 떠올려요. 짐승들은 상대가 약하다고 해서 동정하거나 이해하려고 하지 않아요. 그러므로 굶주린 짐승들은 약한 동물들에게 치명적인 위협이 되지요. 배고픔을 견디다 못한 짐승들의 눈은 마치 레이더처럼 사방을 샅샅이 훑어요. 그러고는 미친 듯이 먹잇감을 찾아다녀요. 안타깝게 짐승들의 레이더망에 걸린 동물은 날카로운 발톱에 산 채로 찢겨 죽게 돼요.

나치는 사람들에게 결코 잊을 수 없는 끔찍한 기억을 남겼어요.

여러분은 전쟁을 좋아하나요? 대부분의 사람들이 아니라고 대답할 거예요. 20세기, 두 차례의 세계대전은 고통과 잔혹, 피비린내와 무자비가 무엇인지 철저하게 느끼게 해 주었어요. 아직도 일부 사람들은 '나치' 라는 말을 들으면 두려워 벌벌 떤답니다.

히틀러는 세상을 지배하고 싶은 욕망 때문에 유태인에게 총구를 겨누었어요. 그로 인해 2차 대전 당시 독일의 포로수용소에서는 인류 역사상 가장 비참하고 끔찍한 일이 일어났어요. 나치는 손에 무기도 들지 않은 유태인들을 남녀노소 가리지 않고 잔인하게 학살했어요. 그들은 저항할 힘이 전혀 없는 사람들에게 기관총을 마구 쏘고 죄 없는 사람들을 산 채로 독가스실로 보내 죽였어요. 그런데도 나치는 죄책감에 시달리기는커녕 득의양양한 미소를 지어보였어요. 그들의 미소에서 우리는 두렵고 혐오스러운 짐승의 모습을 발견할 수 있어요.

실제로 날개 달린 천사를 본 사람은 없을 거예요. 우리는 대부분 신화나 드라마 또는 영화를 통해 천사라는 존재를 알아왔을 뿐이에요. 하지만 그건 별로 중요한 게 아니에요. 왜냐하면 천사가 있든 없든 사람들은 이미 천사와 선량, 순수, 순결, 안전 등 모든 아름다운 가치들을 하나로 묶어서 생각하고 있거든요.

반면에 짐승은 실제로 존재하고 있어요. 지금 이 순간에도 어두컴컴한 밀림 속 어딘가에서 숨죽인 채 먹잇감을 고르고 있을지도 몰라요. 짐승들의 잔인한 포식 장면은 무자비와 잔혹, 이기주의와 공포가 실제로 존재한다는 사실을 수시로 일깨워주지요.

사람들은 대가없이 선한 행동을 하는 사람을 보고 '천사처럼' 착하다고 칭찬해요. 그리고 이기적이고 야만적인 사람에게는 '짐승만도 못한 사람'이라고 비난을 퍼부어요. 천사와 짐승의 차이

안토니오 알레그리(Antonio Allegri, 1494~1534)의 〈Allegory of the virtues〉. 그림 속의 뱀은 인간의 어두운 본성을 뜻한답니다.

는 너무도 분명해요. 천사는 선량하지만 짐승은 사악하지요.

아리스토텔레스는 선하게 살면 행복할 것이고 악하게 살면 행복으로부터 멀어질 것이라고 말했어요. 천사는 친근하지만 짐승은 무서워요. 천사는 베풀지만 짐승은 빼앗아가지요. 그리고 천사는 우리를 편안하게 해주지만 짐승은 불안하게 해요. 선량한 사람은 성실하고 남을 속이지 않아요. 그리고 편견 없이 평등하게 사람을 대해요. 그러다 보니 선량한 사람은 항상 자신에게 당당하며 다른 사람을 기쁘게 함으로써 상대의 마음을 얻을 수가 있어요. 선량한 사람 곁에는 언제나 친구들이 모여요. 그들은 선량한 사람이 즐거울 때 함께 기뻐해 주고 어려울 때 도움의 손을 내밀지요.

안토니오 알레그리의 〈Allegory of the vices〉. 인간의 선한 본성을 그렸어요.

이에 반해 사악한 사람은 이기적이고 거친 행동으로 다른 사람의 마음을 다치게 하고 자신도 상처를 입어요. 왜냐하면 어느 누구도 이기적인 사람과 가까워지려 하지 않고 사악한 사람의 친구라면 더더욱 사양하기 때문이에요. 사람들은 짐승 같은 행동을 하는 사람을 보면 분노가 끓어올라요. 그래서 모두가 나서서 비난하거나 법적인 처벌을 가하지요. 한번 생각해 봐요. 만약 매일 사람들에게 비난을 듣고 살아야 한다면 어느 누가 즐겁고 행복할 수 있겠어요?

물론 도저히 용서할 수 없는 극악무도한 사람도 있어요. 그들은 사람들에게 비난을 들어도 눈 하나 꿈쩍하지 않고 거리낌 없이 죄를 짓지요. 하지만 이런 사람들은 운이 좋아 법망을 빠져나가더라도 양심의 가책마저 떨쳐버릴 수는 없어요. 보통 사람이라면 누구나 가질 수 있는 자유로운 마음과 기쁨도 그들에게는 먼 나라 이야기겠지요.

인간은 상반된 두 가지 본성을 가지고 있어요. 하나는 본능적인 욕망을 추구하는 짐승과 같은 본성이에요. 그리고 또 다른 하나는 천사와 같은 이성적 정신이에요. 인간은 하루에도 몇 번씩 천사와 짐승 사이를 오가요. 그 중에는 천사가 되는 사람도 있고 짐승이 되는 사람도 있지요. 철학자들의 입장도 두 갈래로 나뉘었어요. 어떤 철학자는 인간은 선천적으로 선한 마음을 가지고 태어나므로 인간의 행동과 삶은 언제나 선을 추구한다고 생각했어요.

하지만 이와 정반대의 생각을 갖고 있는 철학자도 적지 않았어요. 어떤 입장이든 철학자들은 선하기도 하고 악하기도 한 본성이 인간의 삶에 커다란 영향을 미쳤다고 생각했어요.

그렇다면 인간의 본성은 과연 선할까요 아니면 악할까요? 이러한 논쟁은 인간의 역사만큼이나 오래되었어요. 고대 그리스의 플라톤과 아리스토텔레스부터 중국 선진의 공자와 맹자까지 동서양의 철학자들은 마치 약속이나 한 것처럼 인간 본성 중에 자연스러운 속성은 악惡과 관련이 있다고 주장했어요. 그들은 한목소리로 악이 인간을 유혹해 식욕과 물욕, 정욕을 생기게 한다고 했어요. 플라톤은 농민과 상인을 두고 태생적인 정욕의 노예라고 주장하기도 했어요. 육체적 욕망이 이끄는 대로 행동하는 것을 곧 사악한 것으로 보았어요.

그런데 여기서 주목할 게 있어요. 처음부터 '선'을 이성이나 도덕과 같은 개념으로 사용했다는 것이에요. 그리고 이성적이고 도덕적인 사람은 타인에게 해가 되는 행동을 하지 않는다고 생각했어요. 소크라테스의 '지식이 곧 미덕'이라는 말처럼 지적인 사람일수록 더 선한 행동을 하고 고상한 품성을 갖고 있다고 보았어요.

오랜 역사를 지닌 중국의 사상계가 시종일관 탐구했던 문제도 바로 인간의 선악이었어요. 시간은 2000년 전 선진시대先秦時代로 거슬러 올라가요. 당시 위대한 사상가였던 공자와 맹자, 노자 등은 인간의 행위를 관찰하고 마음을 연구했어요. 그러고 나서 인간의 본성이 선한지 악한지에 대한 각기

공자. 《논어》에는
공자의 인성론이
담겨있어요.

다른 결론을 내렸어요. 왜냐하면 다른 여러 가지 문제를 해결하기 위해서는 먼저 인간이 과연 선한지 아니면 악한지에 대해 답을 내려야했거든요. 그 결과, 다양한 견해가 쏟아져 나왔답니다.

인성은 결론을 내리기 쉽지 않은 문제예요. 그렇기 때문에 이를 두고 치열한 공방전이 벌어지곤 했어요. 대표적인 사상가로는 성선설을 주장한 맹자, 그와 정반대의 성악설을 주장한 순자와 양주楊朱, 자연성을 내세운 도가, 성삼품설의 동중서, 심성론을 제기한 성리학 등이 있어요. 이 치열한 싸움에서 승리한 사람은 누구일까요? 바로 성선설을 주장한 맹자였어요. 성선설은 전 사회에 광범위한 영향력을 미쳤고 가장 많은 인정을 받았어요.

인간을 천사가 아니면 짐승으로 보는 것은 지나친 생각일지 모르지

만 이처럼 전혀 다른 둘 사이에도 공통점이 있어요. 사람은 모두 행복해지길 바라기 때문에 짐승이 아닌 천사에 가까워지려고 한다는 점이에요. 인간은 분명히 짐승과는 달라요. 설령 인간이 그렇게 이성적이지 않더라도 되도록 천사의 본성을 발휘해 짐승의 본성을 억눌러야 해요.

선한 본성도 사람마다 정도의 차이가 있어요. 그리고 그 정도에 따라 사람들의 삶의 모습이 정해져요. 한번 마약에 빠진 사람은 마약을 구하기 위해서라면 무슨 짓이라도 하지요. 설령 그것이 짐승만도 못한 짓이라 하더라도 결코 주저하지 않아요. 돈에 눈이 멀어 온갖 부정한 방법으로 자신의 욕심을 채우는 사람은 인간의 탈을 쓴 짐승이나 다름없어요. 진정한 '사람'은 스스로를 다스릴 줄 아는 사람이에요. 사리사욕에 빠져 짐승의 이빨을 드러낸다면 결코 진정한 사람이라고 할 수 없어요.

우리는 사람이 사람답게 살려면 선을 지향해야 한다는 것을 알았어요. 우리는 더 많은 지식을 배우고 도덕적 수양을 쌓아야 해요. 그렇게 해서 이성과 도덕의 힘으로 사악한 충동을 억제해야 해요. 이것은 사람이 짐승 같은 본능에서 멀어져 사람답게 살기 위해 꼭 필요한 덕목이랍니다.

공자와 맹자의 성선설

바람 잘 날 없는 역사 속에서 문명은 힘겨운 진화의 과정을 거쳤어요. 중화민족은 역사상 무수히 많은 시련과 고난을 겪었어요. 그 때마다 중화민족 내면에 잠들어 있던 무엇인가가 깨어나 엄청난 힘을 발휘한 덕분에 위기를 극복할 수 있었어요. 이러한 힘을 심어준 사람은 공자와 맹자였어요. 두 사람의 사상은 시간의 흐름과 더불어 모르는 사이에 조금씩 조금씩 사람들의 정신 속으로 스며들었어요. 그래서 후대 사람들은 공자를 일컬어 성인聖人이라고 불렀고 공자 다음가는 성인이라는 의미로 맹자를 아성亞聖이라고 칭했어요.

춘추전국 시대는 각지에서 영웅이 등장해 자리를 다투던 시대였어요. 공자는 춘추전국시대가

춘추전국 시대의 군함

상나라 주공. 예악
禮樂제도를 완성시
킨 인물이에요.

끝나갈 무렵 노나라에서 태어났어요. 그는 유학의 창시자 이자 처음으로 인간의 본성을 탐구했던 사상가였어요. 소크라테스와 마찬가지로 공자도 글이 아닌 말로만 가르침을 남겼기 때문에 그가 직접 쓴 책은 없답니다. 다행히도 그의 제자들이 스승의 가르침을 기록해 《논어》라는 책을 만들었고, 그 덕분에 우리는 공자의 가르침을 배울 수가 있어요.

《논어 양화陽貨》편에서 공자는 "성상근야性相近也, 습상원야習相遠也"라는 말을 남겼어요. 이 말은 인간의 성품은 서로 비슷하나 학습에 따라 서로 멀어진다는 뜻이에요. 이것은 《논어》 중에서 가장 명확하게 인성에 대해서 말하고 있는 부분이에요. 하지만 공자는 인간의 본성이 선한지 악한지에 대해서는 설명하지 않았어요. 그러나 무슨 일이든 시작이 어렵다고 하잖아요. 공자가 '성상근야, 습상원야'라고 인성에 대한 초보적인 결론을 내린 덕분에 맹자가 '성선설性善說'을 주장하게 된 것일지도 몰라요.

춘추전국시대, 각 제후국간의 전쟁은 날이 갈수록 치열해졌어요. 전쟁에서 이겨 제왕이 되기 위해서는 이론적 뒷받침이 필요했어요. 그래서 다양한 사상을 둘러싼 논쟁이 자유롭게 전개되는 백가쟁명百家爭鳴 시대가 나타나게 되었어요. 공자가 세상을 떠난 다음, 비록 그의 제자는 수를 헤아릴 수 없이 많았으나 스승의 사상을 온전히 이어받아 발전시킬 능력이 있는 사람은 드물었어요. 결국 공자의 사상은 나날이 힘을 잃어갔어요.

맹자는 노나라 귀족의 후예였어요. 그러나 공자와 마찬가지로 어려서 아버지가 돌아가시고 어려운 가정환경에서 힘들게 자랐어요. 맹자는 공자의 손자인 자사子思의 문하에 들어갔어요. 그때부터 그는 공자를 본받아 유학을 공부하면서 공자를 넘어서는 학자가 되고자 했어요. 이렇듯 공자의 가르침을 제대로 이어 받았기에 묵가墨家, 고자告子 등과의 논쟁에서 공자의 학문을 더 높은 차원으로 승화시킬 수 있었어요. 결국 맹자는 바라던 대로 아성亞聖으로 추앙받게 되었어요. 인성에 대해 자세한 말을 하지 않은 공자와 달리 맹자는 처음으로 성선설을 주장했어요. 맹자의 성선설에 관해 다음과 같은 이야기가 전해져요.

옛날에 정광조라는 농민이 있었어요. 하루는 동네 친구들과 매미를 잡으러 나간 아들이 늦게까지 돌아오지 않았어요. 걱정이 된 그는 동네 사람들과 함께 온 동네를 샅샅이 뒤지고 다녔어요. 하지만 아무리 찾아도 아이는 그림자조차 보이지 않았어요. 아들 걱정으로 애가 탄 아이의 어머니는 한 걸음에 맹자에게 달려갔어요. 그러자 사정을 들은 맹자는 아무렇지도 않게 대답했어요.

"며칠 지나지 않아 누군가가 아이를 데려다 줄 테니 걱정하지 말게나."

그로부터 이틀 뒤 해가 뉘엿뉘엿 기울 즈음, 맹자의 말처럼 정

수업 중인 공자

《시경(詩經)》과 《상서(尙書)》를 정리하고 있는 공자

말로 누군가가 아이를 찾아 데리고 왔어요. 한 치의 오차도 없는 스승의 예측에 깜짝 놀란 제자들이 물었어요.

"스승님, 그것을 어떻게 아셨습니까?"

맹자가 웃으면서 대답했어요.

"사람의 본성은 원래 선하다. 그것은 물이 위에서 아래로 흐르는 것처럼 자연스러운 일이다. 위로 거슬러 흐르는 물이 없듯이 누구 하나 선하지 않은 사람이 없는 법이지."

맹자의 대답에 한 제자가 다시 물었어요.

"사람의 본성이 무엇입니까?"

맹자가 대답했어요.

"사람의 본성은 선량한 것이다. 모든 사람의 마음속에는 동정심과 수치심, 양보하는 마음과 시비를 가리는 마음이 있지. 만약 누군가가 집을 잃고 헤매는 아이를 발견했다면 그 아이의 친부모처럼 마음이 아플 터인데 어찌 부모를 찾아주려 노력하지 않겠느냐?"

여전히 궁금증이 풀리지 않은 제자가 재차 물었어요.

"그럼 선한 마음은 곧 네 가지 마음을 말하는 것입니까?"

맹자가 대답했어요.

"측은지심惻隱之心은 인仁의 싹이고 수오지심羞惡之心은 의義의 싹이다. 사양지심辭讓之心은 예禮의 싹이고 시비지심是非之心 지智의 싹이다. 이 네 가지 마음이 있어 인의예지仁義禮智의 도덕관념이 생기는 것이니라. 마치 모든 사람이 사지四肢를 가지고 있는 것처럼 사람이라면 누구나 사단四端을 가지고 있단다."

"그렇다면 인성은 어떻게 얻어지는 것입니까?"

맹자가 말했어요.

"사람의 본성은 처음부터 갖고 태어나는 것이지 후천적으로 익힌다고 익혀지는 것이 아니다. 만약 어떤 아이가 우물가에서 놀다가 실수로 발을 헛디뎌 우물에 빠졌다고 해보자. 큰일 날 상황이 아니더냐? 과연 너희라면 어떻게 하겠느냐?"

맹자의 말에 제자들은 이구동성으로 외쳤어요.

"당연히 어서 뛰어가 아이를 꺼내야지요."

맹자가 이어서 말했어요.

"그렇다면 왜 아이를 구하러 가느냐? 그 아이가 너희와 아는 사이도 아니지 않느냐. 우리가 아이를 구하는 것은 아이의 부모에게 감사 인사를 듣고자 하는 것도 자기의 명예를 드높이기 위한 것도 아니다. 그렇

공자의 제자들이 장례를 치르기 전날 밤 공자의 관 옆에서 밤을 새우고 있어요.

다고 아이의 우는 소리가 듣기 싫어서는 더더욱 아니다. 그것은 사람이 선천적으로 다른 사람을 동정하는 측은지심을 가지고 있기 때문이니라."

그렇다면 모든 사람이 측은지심, 수오지심, 시비지심, 사양지심을 가지고 있을까요? 그렇다면 동물들은요? 맹자와 고자의 대화에서 그 답을 찾을 수 있어요.

고자 : "천성적으로 타고 나는 것을 인간의 본성이라고 하네."
맹자 : "천성적인 것을 본성이라고 하는 것은 흰 것을 희다고 하는 것과 같은 말인가?"
고자 : "그렇다네."
맹자 : "그렇다면 흰 털의 흰 것은 흰 눈의 흰 것과 같고 흰 눈의 흰 것은 흰 옥의 흰 것과 같은 것인가?"
고자 : "맞는 말이네."
맹자 : "그렇다면 개의 본성은 소의 본성과 같고 소의 본성은 사람의 본성과 같다는 말인가?"

우리는 맹자의 반문을 통해 그가 가지고 있던 생각을 엿볼 수 있어요. 맹자는 사람과 동물은 본질적으로 다르다고 생각했어요. 왜냐하면 사람은 천성적으로 인의예지와 같은 도덕적 품성을 타고 나지만 동물은 그렇지 않으니까요.

공자

맹자가 제자들에게 성선설을 설파한 지 닷새가 지난 어느 날이었어요. 어떤 부자가 며느리와 바람을 피우다가 부인에게 들켜버렸어요. 부끄러워 얼굴을 들 수가 없었던 며느리는 그만 목을 매 자살을 하고 말았어요. 그런데 그 부자는 부끄러워하기는커녕 꽃같이 아름다운 며느리가 부인 때문에 죽었다는 생각에 참을 수 없이 화가 났어요. 그래서 그는 자기 부인을 죽여버렸어요. 그 후 집에

맹자는 인간의 본성은 모두 선량하다고 했어요. 그래서 세상의 더러운 때가 묻지 않은 아이들의 본성은 티끌 한 점 없는 백지처럼 순결하다고 생각했어요.

돌아온 아들은 아버지가 자신의 아내와 바람을 피운 것도 모자라 어머니마저 죽였다는 사실을 알았어요. 이성을 잃은 아들은 그 자리에서 칼을 꺼내 아버지를 찔러 죽였어요. 잠시 후 정신을 차린 그는 아버지를 죽이는 큰 죄를 저질렀다는 사실에 죄책감이 들어 결국 목숨을 끊고 말아요.

이와 같은 비극이 발생하자 맹자의 제자들은 스승의 성선설을 의심하기 시작했어요. 사람의 본성이 선하다면 어떻게 이런 짐승만도 못한 짓을 할 수 있는 거지요?

그러자 맹자가 설명했어요. "그 부자와 아들, 며느리 세 사람은 모두 인과 예를 모르는 금수와 같은 사람이다. 그러나 그들이 천성적으로 그런 것은 아니었단다. 태어날 때는 선한 마음을 갖고 있었으나 살면서 수양을 하지 않아 점점 선한 본성을 잃어버린 것이니라."

어른들이 가끔 "저런 짐승만도 못한 사람이 있나!"라고 말씀하신 걸

머리를 짚고 깊은 생각에 잠겨 있는 노인은 인간이 동물과 다른 '생각하는 존재' 임을 알려주고 있어요.

들은 적 있지요? 사람들은 이런 말을 듣는 사람들을 보면서 속으로 생각하지요. '저 사람은 틀림없이 태어날 때부터 아주 못된 사람이었을 거야.' 하지만 사실 그 사람들도 원래는 선량했어요. 그런데 자라면서 선한 본성을 잃어버린 것이랍니다. 식물은 햇빛과 수분이 있어야 자랄 수 있어요. 만약 충분한 햇빛과 수분이 없다면 말라죽고 말지요. 사람도 마찬가지예요. 충분한 관심과 사랑을 받아야만 선한 본성을 잃어버리지 않아요.

그러면 본성을 잃을 수 있다면 다시 얻을 수도 있을까요?

사람의 사단四端은 네 가지 선을 실천할 수 있는 밑거름일 뿐이에요. 우리는 언제 어디서나 사단을 밖으로 내보여야 해요. 그래야만 네 개의 불씨가 활활 타오르는 불덩이로 변할 수 있어요. 또 졸졸 흐르던 네 줄기 시냇물이 콸콸 쏟아지는 한 줄기 강물이 되어 흐를 수 있어요. 이렇게 온몸으로 선을 실천하면 요순堯舜(성군으로 알려진 중국 신화 속 군주)과 같은 성인군자가 될 수 있어요. 그러나 아무리 태어날 때부터 선한 마음을 갖고 있더라도 갈고 닦지 않고 내버려둔다면 나중에는 악인으로 변할 수도 있어요.

요즘 여기저기서 환경보호의 중요성에 대해 이야기하는 것을 들어 봤을 거예요. 환경을 보호하는 것과 인성을 보호하는 것은 같다고 볼 수 있어요. 선한 마음을 유지하는 것은 나무를 심고 가꾸는 것과 같아요. 나무를 가꾸는 첫 번째 길은 함부로 베지 않는 거예요. 이것은 정성을 다해 원래 가지고 있던 선한 마음을 잃지 않도록 노력하는 것과 같아요. 둘째로 더 많은 나무를 심어 푸르게 가꾸고 계속해서 거름을 줘야 해요. 마찬가지로 선한 마음도 어린 나무를 돌보듯이 정성을 다해 가꿔 울창한 숲이 될 수 있도록 돌봐줘야 해요.

앞에서 나무는 햇빛과 수분을 필요로 한다고 했지요? 그것처럼 인간의 선한 마음도 정신, 다시 말해 생각을 필요로 해요.

활이 과녁을 빗나갔다고 해서 자기보다 잘 쏜 사람을 원망해서는 안 돼요. 오히려 자신의 자세가 틀리지는 않았는지 연습이 부족하지는 않았는지 반성해야 해요. 위로해주려고 했는데 자신의 마음을 받아주지 않았다고 해서 그 사람을 탓해서는 안돼요. 오히려 자신의 행동이나 말이 더 상처를 주지는 않았는지 생각해봐야 해요. 예의바르게 행동했는데도 그에 맞는 대접을 받지 못했다고 원망하지 말아요. 오히려 내가 생각하는 예의바른 행동이 상대방과 다르지는 않나 생각해 봐요. 다시 말해 모든 일의 원인은 자신에게 있다는 뜻이에요. 스스로의 행동을 살펴야만 더 나은 사람이 될 수 있고 선한 일을 할 수 있어요.

인간은 태어날 때부터 선한 마음을 갖고 태어나지만 이것을 더욱 크게 키우기 위해 평생 노력해야 해요. 훌륭한 사람이 되려면 언제나 인간의 본성은 선하다는 믿음을 버려서는 안돼요. 설령 번민과 고됨, 배고픔과 가난함, 심지어 생사의 갈림길에 서게 되더라도 말이에요. 비 온 뒤에 땅이 굳어진다는 말도 있잖아요. 그렇게 세월이 흐르다보면 여러분의 정신은 더 굳세질 거예요. 그러면 더 완벽한 선의 경지에 올라설 수 있어요.

양주의
자기중심주의

춘추전국시대는 각지의 영웅들이 천하를 차지하려고 싸우던 시대였어요. 그러다보니 권력을 차지하려고 서로 죽고 죽이는 다툼이 그칠 날이 없었어요. 월나라에서는 세 명의 군왕이 신하에게 죽임을 당하는 비극이 일어났어요. 왕자 수搜는 자신도 언젠가는 살해당할까 두려워 인적이 드문 야산의 동굴 속에 몸을 숨겼어요. 왕위에 올라야 할 왕자가 보이지 않자 신하들은 왕자를 찾아 전국을 뒤지고 다녔어요.

결국 물어물어 그가 몸을 숨긴 동굴까지 찾아 온 신하들은 그에게 월나라로 돌아가자고 했어요. 하지만 왕자 수는 죽어도 그곳을 떠나지 않겠다고 고집을 부렸어요. 무슨 수를 써서라도 왕자를 데려가야 했던 신하들은 한 가지 꾀를 내었어요. 그들은 동굴 앞에 쑥을 모아 놓고 불을 지폈어요. 그러자 시커먼 연기가 뭉게뭉게 피어올랐어요. 연기가 동굴을 가득 채우자 숨쉬기가 힘들어진 왕자는 결국 동굴 밖으로 뛰쳐

나왔어요. 신하들에게 붙들려 월나라로 돌아가는 수레에 오른 왕자는 수레의 줄을 잡고 하늘을 향해 울부짖었어요.

"왕의 자리여, 왕의 자리여, 어째서 나를 가만 놔두지 않는 것이냐!"

사실 왕자 수는 왕의 자리가 싫었던 것이 아니에요. 다만 왕의 자리를 노리는 사람들이 자신을 죽일까봐 두려웠던 것이에요.

'범려삼사范蠡三徙'라는 이야기도 있어요.

범려는 월나라의 재상이었어요. 그는 어떤 고생도 마다 않고 월왕 구천句踐을 정성껏 보필했어요. 결국 구천은 범려의 도움으로 '와신상담臥薪嘗膽(가시가 많은 나무에 누워 자고 쓰디쓴 곰쓸개를 핥으며 패전의 굴욕을 되새겼다는 뜻) 끝에 오나라를 멸망시켰어요. 그렇게 범려는 나라를 되찾는 데 큰 공을 세웠어요. 하지만 얼마 지나지 않아 범려는 구천이 어려움은 함께 할 수 있으나 즐거움은 함께 할 수 없는 사람임을 깨달았어요. 그래서 범려는 곧바로 관직을 버리고 짐을 꾸린 다음 배에 올랐어요. 그러고는 다시는 월나라로 돌아가지 않았어요.

배를 타고 바다 건너 제齊나라에 도착한 범려는 이름을 바꾸고 새로운 삶을 시작했어요. 처음에는 해안가에서 농사를 짓고 살았어요. 비록 고단하고 힘들었지만 얼마 후 견줄 사람이 없을 만큼 많은 재산을 모았어요. 범려의 재능을 높이 산 제나라 사람들은 그에게 재상의 자리를 맡아달라고 부탁했어요. 모든 사람이 부러워했지만 정작 범려 자신

전국시대 북이에요. 호랑이 조각 받침대와 새 조각 틀을 통해 당시의 높은 예술 수준을 짐작할 수 있어요.

은 한숨을 내쉬며 말했어요.

"집안을 일으켜 천금의 재산을 이루었고 벼슬로는 재상에 올랐으니, 백성이 오를 수 있는 가장 높은 자리에 오른 셈이구나. 허나 존귀한 자리에 오래 있으면 일이 생기는 법이지!"

이렇게 생각한 범려는 재상의 인장을 돌려주고 친구와 이웃에게 거의 모든 재산을 나눠주었어요. 그리고 나서 특별히 값나가는 보물만 챙겨 아무도 모르게 제나라를 떠났어요. 도나라 땅으로 건너 간 그는 도주공陶朱公으로 이름을 바꾸었어요. 그리고 아들과 함께 농사를 짓고 가축도 기르며 장사를 했어요. 범려는 장사를 하면서 항상 10분의 1씩 이윤을 남겼고 금세 큰 부자가 되었어요. 이후 범려는 죽을 때까지 도나라에서 살았어요.

권력과 명예, 부귀는 모든 사람들이 바라는 것들이에요. 그런데 월나라 왕자 수는 목숨을 지키기 위해 제왕의 자리도 마다한 채 동굴로 피신했어요. 범려도 세 번이나 손에 쥐어졌던 부와 권력을 버리고 옮겨다닌 것으로 유명하지요. 하지만 두 사람은 부와 명예가 싫어서 도망을 다닌 것이 아니었어요. 부와 명예 때문에 '불길한 재난'을 당할까봐 싫었던 거예요.

분위기가 어수선한 시대에는 언제 어디서나 전쟁의 위협이 도사리고 있어요. 당연히 사람들의 눈은 자신의 목숨을 지킬 수 있는 방법으로 쏠리게 마련이지요. 양주의 위아爲我사상과 중생重生사상은 바로 이

시대가 어지러우면 사람의 목숨이 파리 목숨보다 못할 수 있어요. 그런
상황에서 인간의 존엄성을 바라는 것은 말도 안 되는 일이겠지요.

런 상황에서 자연스럽게 생겨났어요. 이후
그의 사상은 한 시대를 떠들썩하게 만든 중
요한 사상이 되었어요.

중국 철학사에서 양주는 기인, 즉 별
난 사람으로 취급받고 있어요. 지
금까지 그가 남긴 저서는 발견되
지 않고 있어요. 진시황제(BC
259~BC 210)의 분서갱유(焚書坑儒.
진나라 때 실용서적을 제외한 모든 사상
서적을 불태우고 유학자를 생매장한 일)

때문일 수도 있고 확인할 길 없는 다른 원인이 있을 수도 있어요. 양주
와 공맹사상이 치열하게 대립했다는 것도 모두 다른 책의 내
용을 바탕으로 짐작해본 거예요. 비록 전해지는 저서는 없
지만 양주의 위아 및 중생 사상이 미친 영향은 짐작하
고도 남아요. 만약 그가 별 볼 일 없는 사람이었다면
맹자가 '짐승보다 못한 사람'이라고 비난했을 리가
없잖아요.

유가와 묵가가 천하를 주름잡던 시대에는 인간의
정신을 모든 인간을 똑같이 사랑하는 겸애兼愛, 인을
실천하는 위인爲仁, 의를 중시하는 중의重義의 시각에
서 바라보았어요. 그런데 이런 시대의 흐름에 따르지

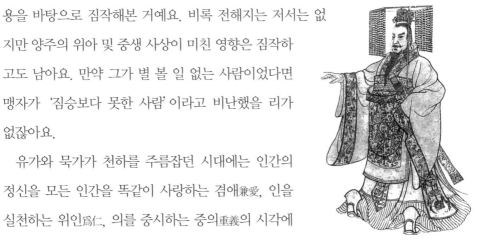

중국 최초의 통일국가 진나라의 시황제

않고 정반대의 사상을 주장하는 사람들이 등장했어요. 바로 나를 위하는 위아爲我와 생명을 중시하는 중생重生을 주장한 양주楊朱학파였어요. 먼저 양주에 관한 유명한 일화를 통해 양주학파의 가르침을 알아보기로 해요.

어느 날 묵자의 제자인 금자가 양주에게 물었어요. "스승님의 몸에서 터럭 하나를 떼어내서 세상을

"세상은 터럭 하나로는 구할 수가 없다."고
금자에게 말하는 양주

구할 수 있다면 그렇게 하시겠어요?"

양주가 대답했어요.

"세상은 터럭 하나로는 구할 수가 없다."

금자가 다시 물었어요.

"만일 구할 수 있다면 그렇게 하시겠는지요?"

금자의 질문에 양주는 묵묵부답이었어요. 금자는 밖으로 나와서 양주의 제자인 맹손양에게 양주와 했던 이야기를 전했어요. 그 말을 듣고 맹손양이 말했어요.

"당신은 우리 스승님의 뜻을 이해하지 못한 것 같습니다. 만약 당신의 살갗에 작은 상처를 내서 황금 만냥을 얻을 수 있다면 그렇게 하겠

습니까?"

그러자 금자는 조금도 주저 않고 대답했어요.

"물론 그렇게 하겠습니다."

그 말을 듣고 맹손양이 다시 물었어요.

"당신의 팔다리 중 하나를 잘라내서 나라를 구할 수
있다면 그렇게 하겠습니까?"

이 말에 금자는 아무런 대답도 할 수가 없었어요.

그런 금자를 보고 맹손양이 말했어요.

"터럭 하나는 물론 살갗에 비할 바가 못 되고 피부는 팔다리에 비할
바가 못 됩니다. 그러나 터럭이 모이면 피부만큼 중요한 것이 되고 피
부가 모이면 팔다리와 같이 중요해지는 법이지요. 그러니 비록 터럭이
몸 전체에서 만분의 일도 안 되는 작은 부분이라고 하나 어찌 가벼이
여길 수 있겠습니까?"

양주는 사람이 가진 많은 것들 중 가장 귀하고 중요한 것이 생명이
라고 생각했어요. 다른 모든 것들은 생명을 위해서만 존재하고 생명을
해치는 일은 용납되지 않아요. 다시 말해 양주는 개인의 입장에 서서
개인의 생명과 이익이 가장 중요하다고 주장했어요.

옛날에 한나라와 위나라가 영토 확장을 위해 전쟁을 벌이고 있을 때
였어요. 위나라의 현인이었던 자화자子華子가 한나라의 소후(昭侯, BC
359~BC 333)를 만났는데 소후의 얼굴은 근심으로 가득 차 있었어요. 자
화자가 말했어요.

양주 : 생몰년도 미상. "사람이
자기 자신을 위하지 않으면 하늘
과 땅이 그를 멸망시킨다."라는
말이 유명해요.

여기서 말하는 한나라는 한반도에 있는 한국이 아니에요. 중국 전국시대 칠웅七雄 중에 하나랍니다. 칠웅은 그 밖에 제, 초, 연, 조, 위, 진나라가 있어요.

"지금 천하의 사람들로 하여금 전하 앞에서 서약을 하도록 하십시오. 서약서의 내용은 이러합니다. '왼손으로 땅을 빼앗으면 오른손을 자르고 오른손으로 땅을 빼앗으면 왼손을 자르겠다. 그러나 땅을 빼앗으면 천하를 얻을 수 있다.' 군주께서는 그래도 땅을 얻고 싶으십니까?"

소후가 대답했어요.

"나는 원하지 않소."

소후의 대답에 만족한 자화자가 말했어요.

"좋습니다. 그렇게 말씀하시는 것을 보니 과연 천하보다 두 손이 더 중요하고 두 팔보다 몸이 더 중요한 것이군요. 한나라는 천하보다 보잘 것 없고 지금 다투고 있는 땅도 한나라에 비하면 아무 보잘 것 없는 것입니다. 그런 보잘 것 없는 것을 위해 이토록 마음을 쓰시면서 옥체를 상하게 할 까닭이 있습니까?"

자화자의 말을 듣고 난 소후는 순간 답답했던 마음이 뻥 뚫리는 것 같았어요. 걱정거리가 사라져 기분이 좋아진 소후가 말했어요.

"많은 가르침을 들었지만 선생과 같이 도움이 되는 말을 한 사람은 없었소."

자신을 귀하게 여기는 마음과 삶을 귀하게 여기는 마음을 실현하기 위해 양주학파는 '온몸의 도'를 이야기했어요. 온몸의 도라고 함은 몸에도 걸칠 옷과 장식품이 필요한 것처럼 생명이 유지되기 위해서는 물질이 필요하다는 의미예요. 그들에 따르면 사람이 태어날 때부터 달려

양주에 따르면 백이
는 결코 아무런 감
정도 욕구도 없는
사람이 아니었으나
너무 고상하고 깨끗
하게만 살려고 한
탓에 굶어 죽은 것
이라고 해요.

있던 귀는 소리를 듣고 싶어 하고 눈은 아름다운 것을 보고 싶어 하며
입은 맛있는 것을 찾아요. 설령 염라대왕이나 요순과 같은 뛰어난 성군
이라 하더라도 이런 욕구가 없을 수 없어요. 생명에 있어 물질은 없어
서는 안 되는 부분이에요. 만약 이런 욕구가 충족되지 않는다면 살아
있더라도 죽은 것이나 다름없어요.

양주는 백이伯夷도 욕구가 있었으나 지나치게 고상하게 살려고 한

거문고 연주를 듣고 있는 풍경이에요. 청빈하고 고상한 삶을 바라는 마음이 드러나네요.

탓에 수양산에서 굶어 죽은 것이라고 생각했어요. 전금展禽(유하혜柳下惠라고 불림. 노나라의 청렴결백했던 충신)도 감정이 있었지만 지나치게 지조가 굳은 탓에 자손을 많이 남기지 못했어요. 결국 사람이 너무 고상하고 지조가 굳으면 스스로를 해치게 된다는 사실을 알 수 있어요.

양주는 말했어요.

"원헌原憲은 노나라에서 추위와 굶주림에 떨었지만 자공子貢은 위나라에서 장사를 해 큰돈을 벌었다. 가난한 탓에 원헌은 자신의 생명에 해를 입혔고 재물에 눈이 어두워 자공은 몸을 힘들게 하였다."

이 말을 듣고 어떤 사람이 양주에게 물었어요.

"가난도 안 되고 재물을 모으는 것도 안 된다면 어떤 일을 해야 합니까?"

양주가 대답했어요.

"생명이 즐겁고 심신이 편안한 일을 해야 합니다. 그러므로 생명의 즐거움을 추구하는 사람은 가난하지 않을 것이고 심신을 편안하게 하는 사람은 돈에 얽매이지 않습니다."

사람은 누구나 죽지 않고 오래오래 살기를 바라지만 결국 죽음을 피할 수 없어요. 그러므로 모든 순간을 즐기면서 살아야 해요. 살아 있는 동안 하고 싶은 대로 하면서 욕구를 충족해야 해요. 설령 죽음이 다가오더라도 생명이 이제 그만 떠나고 싶어 하는 것이니 기쁘게 떠나가야 해요.

양주학설에서 말하는 '온 생명의 도'는 유가의 인의예지와는 서로 반대되는 주장이에요. 맹자와 모든 유학자들이 반대하는 것도 바로 이 점이었어요. 이로 인해 주류사상이던 유학은 양자학설을 비난하고 깎아내렸어요. 그 결과 사람들은 양주학파가 무절제한 욕망과 향락을 주장하는 사상이라고 오인하게 되었어요.

사실 무한한 욕구 충족이나 향락을 인생의 목적으로 하는 향락주의는 양주학파의 가르침과는 거리가 멀었답니다. 사람들은 음식을 섭취하지 않으면 살 수가 없어요. 적게 먹으면 배가 고프고 많이 먹으면 비만해지거나 혈당이 오르거나 소화가 안 되는 등 몸이 불편해져요. 아름다운 선율의 음악도 마찬가지예요. 적당히 들으면 피로가 풀리고 마음이 편안해지지만 너무 오래 들으면 오히려 피로와 짜증이 몰려 올 수 있어요.

양주학파에 따르면 한정 없이 욕구를 충족하고 순간의 쾌락만을 추구하는 것은 결코 옳지 않아요. 오히려 생명을 보전하기 위해서는 적당한 수준에서 그쳐야 해요. 오로지 생명을 지키는 데 이로운 일만 해야 해요. 반대로 생명에 해롭다면 결코 해서는 안돼요. 이것만 보더라도 사람들이 양주를 크게 잘못 평가해왔다는 사실을 알 수 있어요. 그는 결코 무절제한 향락주의자가 아니었어요.

도가의
자연주의

여러분은 '자연'이라고 하면 무엇이 떠오르나요? 대부분 울창한 숲, 푸르른 대지, 끝없이 이어진 산봉우리, 무리를 이룬 동물들을 떠올리게 돼요. 2000여 년 전 중국에 바로 이 '자연'에 대해 가르치는 도가道家가 출현했어요. 하지만 그들이 말하는 자연은 사람들이 흔히 생각하는 자연물이 아니었어요. 그것은 만물이 막 생겨난 순간의 순결한 상태를 뜻하는 말이었어요.

노자老子는 도가의 창시자예요. 전설에 따르면 노자는 큰 귀가 아래로 축 처져 있고 하얀 수염이 덥수룩하게 나 있었어요. 그는 성격이 매우 쾌활했어요. 또 늘 걱정 없는 편안한 표정을 짓고 있었어요. 언제나 소를 타고 다니며 한가로운 삶을 즐겼다고 해요.

노자의 계승자인 장자莊子는 낭만적인 성격의 사상가였어요. 장자는 평생 가난하게 살았어요. 짚신을 삼아 생계를 이으면서도 절대 관직에 나서지는 않았어요. 또한 그는 글 쓰는 솜씨가 빼어난 사람이었어요. 평생 독특하면서도 생동감 넘치는 문장의 글들을 많이 남겼어요. 《노자》에서도 '인성'에 대해 언급한 부분이 있지만 주요한 사상은 주로 《장자》에 실려 있어요.

드넓은 우주에 비하면 우리가 사는 세상은 그저 티끌에 지나지 않아요. 사람도 마찬가지예요. 광활한 천지 사이에 살고 있는 사람은 모래알보다도 작은 존재일 뿐이지요. 장자는 인간은 우주천지의 만분의 일밖에 안 되는 자연물이고 인간의 본성은 자연의 속성과 같다고 생각했어요.

그렇다면 자연성이란 대체 무엇인가요? 자연성은 태어나면서부터 가지고 있던 순수한 본성이에요. 노자는 그것을 '박朴'이라고 불렀어요. '박'은 가공을 하지 않은 순수한 원목이란 뜻이에요. 자연성은 천성적으로 가지고 태어나는 것으로 외부의 충격에도 파괴되지 않아요. 본성에 따라 자연스럽게 행동하는 것이 바로 순리에 따르는 것이에요. 그러나 자연을 거스른다면 인간은 본성을 잃게 돼요.

전설 속의 노자는 밑으로 쳐진 큰 귀를 갖고 있었어요.

오리는 원래부터 짧은 다리를 가지고 태어났어요. 그런데 우리가 오리를 도와준답시고 인위적으로 다리를 늘린다면 오리에게 고통을 주게 돼요. 반대로 태어날 때부터 길었던 학의 다리를 반으로 자른다면 그것은 학에게 있어서는 끔찍한 비극이에요. 이렇듯 각기 다른 특성을

서안 비림碑林의
노자 석각

갖고 있는 만물처럼 인간도 다양한 자연성을 갖고 있어요. 그러므로 인간의 본성은 생긴 그대로 두어야지 일정한 기준에 맞춰 바꾸려고 하면 안돼요. 사람마다 자기의 순수한 본성에 따라 살아가고 본성이 자연스럽게 드러나도록 한다면 자유롭고 행복한 삶을 살 수 있어요.

장자는 아주 오랜 옛날에 이렇게 자유롭고 행복한 '성인의 덕이 가득 찬 세상'이 있었다고 생각했어요.

성인의 덕이 가득 찬 세상에서 사람들은 저마다 고유한 본성을 갖고 있었어요. 그때는 땅길은 물론이거니와 물길까지도 세속으로 통하는 길이라고는 하나도 없었어요. 천지 만물이 어우러져 평화롭게 살았지요. 사람들은 직접 옷을 지어 입고 농사를 지으며 함께 살았어요. 내편 네 편을 가르지 않고 세속적인 이익을 좇지도 않았어요. 온갖 짐승들이 우글거리고 초목이 우거져 있었으나 짐승과 사람이 서로 해치지 않았어요. 아이들은 짐승과 어울려 놀았고 나무를 타고 올라가 새둥지를 구경하기도 했어요. 그들에게서는 탐욕을 찾아볼 수 없었어요. 그들은 자연 그대로의 순수하고 소박한 본성을 가지고 살았어요. 그야말로 사람과 짐승이 자연과 더불어 살아가는 아름다운 세상이었어요. 사람도 군자와 소인으로 편을 가르지 않았기에 자연의 본성을 망가뜨릴 이유가 없었지요.

장자가 꿈꾼 세상은 하느님이 만들었다는 에덴동산처럼 완벽하고 아름다워요. 도대체 그토록 자유롭고 편안한 삶을 파괴한 자는 누구인가요? 장자는 성인이 인의예지를 가르치면서 사회가 분열되고 불안해졌다고 했어요.

원래 말의 발굽은 눈 속을 달려도 아무렇지 않았고 말가죽과 갈기는 북쪽에서 불어오는 차가운 바람도 이길 만큼 두껍고 풍성했어요. 천지 사방을 뛰어다니며 자유롭게 풀을 뜯는 것은 말의 타고난 본성이에요. 말은 아무리 높은 곳이라도 단번에 뛰어오를 수 있었지요. 백락伯樂은 준마를 알아보고 길들이는 재주로 이름이 널리 알려져 있었어요. 그는 자기가 '말을 길들일 줄 아는 사람'이라고 자랑했어요.

비극은 백락이 말을 길들이려고 하면서부터 일어났어요. 사람들은 말발굽에 편자를 박고 털을 깎았어요. 그리고 인장을 새긴 다음 눈을 가리고 다리를 묶어 마구간에 몰아넣었어요. 그 과정에서 수많은 말들이 죽었어요. 그 이후 말을 굶기고 때리기도 하고 훈련시키고 장식을 해주기도 하였어요. 입에는 재갈을 물리고 채찍질을 했어요. 그러면서 또 대부분의 말들이 죽어갔어요.

그런데도 우리는 백락이 준마를 알아보고 말을 길들이는 재주가 뛰어나다고 입에 침이 마르게 칭찬하지요. 장자는 백락이 말을 길들인 것처럼 성인이 예의도덕을 만들어 사람을 통제했고 자연성도 파괴했다고 생각했어요. 인간의 본성이 자연성에서 멀어져 부귀영화를 좇는 것도 다 성인이 인의도덕을 퍼뜨렸기 때문이에요.

장자는 성인이 인의를 퍼뜨려 인간의 자연성을

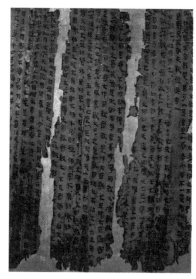

장사시長沙市 마왕퇴馬王堆에서 출토된 비단 위에 쓰인 《노자》

노자가 가르침을 전하고 있어요

파괴했을 뿐만 아니라 위선적인 성품을 갖게 했다고 주장했어요. 입으로는 인의도덕을 떠들면서 뒤에서는 온갖 부끄러운 짓을 서슴지 않게 만들었다는 것이지요. 게다가 인의는 탐욕스러운 자들이 명예와 이득을 꾀하는 데 이용하기도 했어요. 그렇기 때문에 장자는 평생을 곤궁하게 살면서도 관직에 나가지 않았어요. 비범한 능력 덕분에 여러 차례 벼슬에 오를 기회가 있었는데도 장자는 관심조차 보이지 않았어요. 그는 군주 전제 정치에 반대했어요. 오히려 세속의 군주들을 깔보며 인성을 파괴한 장본인들이라고 비난했어요. 장자에 관한 이런 이야기가 전해져요.

초나라 위왕威王은 장자가 현인이라는 말을 듣고 그를 재상으로 삼고 싶어 했어요. 위왕은 대부大夫 두 사람을 시켜 금은보화를 가지고 장자를 찾아가도록 했어요. 두 대부가 도착했을 때 마침 장자는 고기를 낚고 있었어요. 그들이 말했어요.

"초나라 왕께서 선생이 나라를 다스리는 일을 도와주시기를 바라십니다."

장자는 여전히 낚싯대를 드리운 채 고개도 돌리지 않고 말했어요.

"듣자하니 초나라에는 신귀神龜 두 마리가 있다고 하더군요. 이미 죽은 지 삼천년이나 지난 거북이를 면포에 싸 상자에 담은 다음 사당에 모시고 제사를 지낸다지요. 과연 그 신귀는 죽어서 사람들이 제사지내주기를 바랐을까요? 아니면 진흙 위를 기어 다니더라도 살아있기를 바랐을까요?"

두 사람이 한 목소리로 대답했어요.

"말해 무엇합니까? 당연히 살아있기를 바랐겠지요."

장자가 말했어요.

"그럼 두 분께서는 이만 돌아가 주시지요. 저도 진흙 위를 기어 다니는 쪽이 더 좋습니다."

장자는 관직을 죽은 거북이에 비유해 비록 가난하고 힘들게 살더라도 죽음과도 같은 관직에 나서는 것보다는 낫다는 뜻을 전했어요. 이 일화를 통해 구속받기 싫어하고 권력과 명성을 돌같이 여기는 장자의 인생관을 엿볼 수 있어요.

인의도덕뿐만 아니라 감정과 물욕도 인간의 자연성을 파괴할 수 있어요. 장자는 말했어요.

"오색은 눈을 어지럽혀 앞을 못 보게 하고 오성은 귀를 어지럽혀 듣지 못하

고대 전설 속의 신귀神龜

장자는 세상 예법에 얽매이지 않고 하고 싶은 대로 물 흐르듯이 살라고 했어요.

게 한다. 오취는 코를 길들여 제 기능을 못하게 하고 오미는 입을 탁하게 해 맛을 못 느끼게 한다. 그리고 호불호의 감정은 마음을 어지럽혀 어찌할 바를 모르게 한다. 이 다섯 가지는 삶을 해치는 것이다."

사람이라면 누구나 권력과 부귀를 탐내요. 또한 늙지 않고 영원히 살 수 있기를 바라지요. 건강한 몸, 아름다운 얼굴과 목소리, 화려한 보석을 갖고 싶어 바쁘게 돌아다녀요. 만약 몸이 병들어 맛있는 음식도 못 먹고 화려하게 치장도 못하며 아름다운 풍경과 소리를 보고 들을 수 없다면 어떨까요? 마치 새장 속에 갇힌 새처럼 근심 걱정에 잠을 못 이룰 테고 자유롭지 못할 거예요. 그렇다고 이 모든 것을 갖게 된다면 행복해질까요? 오히려 인간의 순수한 본성이 파괴되어 깨끗하고 고요하던 마음이 어지러워질 거예요.

장자는 재물을 쫓다가 몸을 망친 도둑이나 인의를 위해 희생한 군주나 다를 바 없다고 생각했어요. 둘 다 인간의 본성을 해쳤기 때문이에요. 백이는 인의를 위해 수양산 아래서 굶어죽었고 도척盜跖은 재물을 탐하다 동릉산 위에서 죽었어요. 죽음에 이른 이유는 다르지만 결국 둘 다 죽었다는 사실은 같지요. 그러므로 백이는 군자라고 높이 받들면서 도척을 소인이라 비난할 이유가 없어요.

그렇다면 노자와 장자가 그리던 이상세계는 어떤 곳이었나요? 노자는 가장 이상적인 상태는 어린아이와 같은 상태라고 했어요. 다시 말해 활기차고 순수하며 소박하고 자연스러운 상태를 말해요. 그는 갈등의 고리를 끊고 욕망을 억제하여 어린아이와 같은 무지무욕의 상태로 돌아가야 한다고 주장했어요.

어느 날 상상에 빠져있던 장자는 기이한 새를 보게 되었어요. 그 새는 거대하기 이를 데 없는 붕鵬이라는 새였어요. 붕의 날개는 하늘을 덮은 구름과 같았고 등의 넓이도 천리에 달했어요. 붕새는 6월의 바람을 타고 날개를 펼쳐 날아올라 남쪽 바다로 날아갔어요. 붕새가 날아오를 때 물보라가 삼천리나 솟구쳤어요. 또한 붕새는 회오리바람을 타고 구만 리나 올라갔어요.

《장자》의 소요유逍遙游에 나오는 붕새는 장자가 생각하는 이상적인 인격이에요. 다시 말해 인간의 자연성이 인의도덕에 구애받지 않고 물욕에도 좌우되지 않으며 세속의 속박에서 벗어나 진정한 자유를 얻는 것을 말하지요.

소요유는 '마음 가는 대로 유유자적하며 노닐 듯 살아감'을 뜻하는 말이에요.

장자는 만물 사이에 차이가 있기 때문에 인간들이 물질에 얽매인다고 보았어요. 그래서 그는 모든 차이를

회오리바람을 타고 구만리나 날아오른 붕새

장자 몽접도夢蝶圖

허무한 것으로 생각했어요. 예를 들어 생명에는 삶과 죽음이라는 상반되는 개념이 있어요. 이것은 인간에게 가장 큰 고민거리예요. 장자는 우리가 살고 있는 인생이란 준마가 벽 틈을 지나가듯 순식간에 흘러간다고 했어요. 삶에서 죽음으로의 변화는 계절의 변화와 마찬가지로 자연스러운 일이에요. 벗어날 수도 바꿀 수도 없어요.

그러므로 두려워하고 걱정할 필요 없어요. 오히려 당당하게 죽음을 맞이하고 생명의 자연스러운 변화를 받아들이는 쪽이 좋아요. 우리 힘으로는 막을 수 없는 다른 여러 가지 속박들도 마찬가지예요. 걱정으로 괴로워하기보다는 자연스럽게 흘러가는 대로 받아들이고 편안하게 즐기는 편이 나아요.

외부의 간섭 말고도 인간의 마음에 영향을 미치는 것은 한두 가지가 아니에요. 인간 스스로가 품고 있는 물

장주莊周는 곧 장자를 말해요. 어느 날 장주는 꿈속에서 나비로 변한 자신을 보게 돼요. 너무도 생생한 꿈에 들뜬 기분이 된 장주는 자신이 장주라는 사실조차 잊었어요. 사실 장주가 변해 나비가 된 것인지 나비가 변해 장주가 된 것인지 알 수 없어요. 이것이 그 유명한 장자의 '물아일체物我一體' 사상이에요.

욕도 큰 영향을 주지요. 장자는 우리 마음속에 있는 좋아하고 싫어하는 감정과 욕망을 없애야 세상의 모든 차이가 사라진다고 생각했어요. 그 방법으로 제시한 것이 바로 심재心齋와 좌망坐忘이에요.

'심재'란 우리가 제사를 지내기 전 집안 곳곳을 청소하고 깨끗이 목욕하는 것처럼 마음을 깨끗하게 하고 고요하고 안정된 상태로 만드는 것이에요.

'좌망'은 모든 지식을 잊는 것처럼 모든 욕망을 잊는 것이에요. 위가 있다는 것마저 잊는다면 배가 고파도 음식을 찾지 않게 되지요. 자기가 똑똑하다는 사실을 잊는다면 누군가가 다른 사람에 대해 이러쿵저러쿵 비판하더라도 맞서 싸우지 않게 돼요.

우리가 자신의 몸도 지식도 모두 잊는다면 욕망도 사라지게 돼요. 그렇게 되면 우리의 영혼과 만물이 서로 자연스럽게 녹아들어 순리대로 자유롭게 살아갈 수 있어요.

성
삼품설

기원전 221년, 39세의 진시황은 여섯 나라를 멸망시키고 중원을 평정

하였어요. 이로써 중국 역사상 처음으로 중앙집권적 봉건전제왕조를

세웠어요. 그러나 천하 통일을 이룬 이후로 진시황의 폭정은 날로 심해

졌어요. 그는 만리장성을 쌓고 아방궁을 짓기 위해 수많은 무고한 백성

을 희생시켰어요. 또한 언론을 제압하고 사상을 통제하기 위해 분서갱

유焚書坑儒를 실시해 무수한 진귀한 서적들을 불태웠어요. 그뿐만이 아

니었어요. 마음에 들지 않는 사람들은 남녀노소를 가리지 않고 잔인하

게 고문하였어요. 이 때문에 헤아릴 수 없이 많은 충신과 백성이 그의

피비린내 나는 통치 아래서 죽어갔어요. 진시황이 죽은 다음 황제에 등

극한 호해胡亥는 아버지보다 더하면 더했지 결코 덜하지 않았어요.

포악한 황제 때문에 눈물이 마를 날 없던 백성들은 더 이상 견딜 수

가 없었어요. 결국 기원전 206년, 진승陳勝과 오광吳廣은 중국 최초의

농민 봉기를 일으켰어요. 그리하여 진시황이 나라를 세운 지 15년 만에 진나라는 역사의 뒤안길로 사라지게 되었어요.

만리장성 축조 현장

뒤이어 세워진 한漢나라는 진나라와 달랐어요. 백성을 가혹하게 다스린 탓에 멸망한 진나라를 반면교사로 삼았기 때문이에요. 반면교사란 다른 사람이나 사물의 부정적인 측면에서 가르침을 얻는다는 뜻으로 건국 초기 한고조漢高祖 유방劉邦은 진나라의 멸망을 지켜보며 많은 것을 깨달았어요.

하루는 유방이 신하에게 물었어요.

"진나라가 멸망하고 과인이 천하를 얻을 수 있었던 이유를 말해 보시오. 역대 여러 왕조는 어떻게 세워지고 또 멸망한 것이오?"

유방의 물음에 신하는 웃으면서 대답했어요.

"진나라 황제도 천하를 다스리고 싶어 하였으나 결국 자신의 바람과는 달리 어렵게 얻은 것을 잃고 말았지요. 그 이유는 천하를 얻는 것은 천하를 안정시키는 것과 다르기 때문입니다. 힘으로 천하를 얻을 수는 있으나 힘으로 천하를 다스릴 수는 법입니다."

물론 나라를 다스리는 데 힘이 없어서는 안돼요. 하지만 어진 정치를 베풀어 백성을 올바른 길로 이끄는 것이 훨씬 더 중요해요. 사실 나

농중서의 《춘추번로》

라를 다스리는 과정에서 더 강력한 권력은 필요하지 않아요. 오히려 통일 군주 전제정치를 뒷받침할 사상을 만들고 백성들이 그것을 자연스럽게 받아들이도록 하는 것이 우선이에요. 불행 중 다행으로 진나라의 실패는 결코 헛되지 않았답니다. 훗날 많은 황제들이 나라를 다스릴 때 이 점을 잊지 않고 잘 따랐으니까요.

이러한 때에 동중서는 중앙집권적 전제정치를 뒷받침하기 위한 '성삼품설性三品說'을 주장했어요.

동중서(BC 179~BC 104)는 전한시대 광천(廣川, 지금의 하북성 광천현)에서 태어났어요. 그는 유명한 유학자이자 철학자였으며 경학가(經學家, 선진시기의 저작, 특히 유가 경전을 연구하는 학자)였어요. 어려서부터 《춘추》를 공부한 동중서는 삼년 동안 바깥출입을 하지 않고 학문에만 매달렸어요. 또한 그는 제자를 키우는 데도 힘써 문하에 수많은 제자를 두었어요. 동중서는 수시로 학생들을 가르치면서도 제자들끼리 서로 배우고 익히도록 했어요. 훗날 경제景帝는 동중서를 박사로 발탁했어요.

경제의 뒤를 이어 황제가 된 한무제漢武帝는 나라의 기반을 튼튼하게 다지고 싶었어요. 그래서 동중서가 제시한 '백가를 축출하고, 오직 유가만을 섬길 것'을 받아들였어요. 그리고 동중서가 주장

전한前漢시대 사상가 동중서董仲舒. 《문봉문봉聞奉》, 《옥배玉杯》, 《번로繁露》 등을 지어 《춘추春秋》에 대한 자신의 견해를 실었어요. 이들을 하나로 엮은 것이 《춘추번로春秋繁露》예요.

한 천명론(天命論, 왕은 하늘이 내린다는 이론)을 통해 황제의 권위를 신에 버금가게 끌어올렸어요.

동중서는 하늘은 절대 권력을 가진 단 한 명의 신이 다스린다고 했어요. 또한 이 신이 세상과 인간을 창조하고 하늘 위의 모든 신과 땅위의 만물을 다스린다고 주장했어요.

하늘에 있는 것은 인간에게도 있기 마련이에요. 예를 들어 하늘에 사계절과 12절기가 있듯이 인간은 사지四肢와 12개의 관절을 가지고 있어요. 하늘에 오행(五行, 우주 만물을 이루는 다섯 가지 원소.

진시황릉의 병마용. 실제 크기로만 들어진 8000명의 병마용은 진시황릉의 가장 큰 볼거리라고 해요.

금金, 수水, 목木, 화火, 토土)이 있듯이 인간은 오장(五臟, 간장, 심장, 비장, 폐장, 신장의 다섯 가지 내장을 통틀어 이르는 말)을 가지고 있지요. 그리고 봄·여름·가을·겨울이 있는 것처럼 인간에게도 희로애락(喜怒哀樂, 기쁨과 노여움과 슬픔과 즐거움)이 있어요. 이렇게 본다면 인간은 하늘의 복제품이라고 할 수 있어요.

하늘에 떠 있는 달과 해는 각각 음과 양을 의미해요. 인간은 하늘의 복제품이므로 마찬가지로 성性과 정情을 가지고 태어나요. 성은 해와 같아서 눈부신 빛을 뿜어내는 '선'을 의미해요. 반대로 정은 달과 같아서 어둠처럼 음침한 '악'을 상징해요.

동중서는 성은 태어날 때부터 갖고 있는 자질이지만 정은 욕망의 결

이들은 가난하고 초라한 유민들이에요. 동중서는 하층민들이 '비루한 성품'을 가졌다고 생각했어요.

과라고 했어요. 그러므로 인간은 선한 '성'과 악한 '정'을 동시에 갖고 있는 야누스적인 존재이지요. 이 점만 보더라도 선진 시대 사상가들이 주장한 단순한 선악설과 동중서의 생각이 많이 다르다는 것을 알 수 있어요.

만약 인간의 본성을 벼에 비유한다면 선한 성품은 깨끗한 낟알이라고 할 수 있어요. 낟알은 벼가 다 자라 수확을 한 다음에야 얻을 수 있으니 벼는 아직 낟알이라고 말할 수 없어요. 만약 성품을 달걀에 비유한다면 선한 품성은 닭이라고 할 수 있어요. 닭은 물론 달걀에서 깨어났지만 달걀과 닭은 엄연히 다른 존재예요.

동중서는 인간 본성의 선함은 앞으로 선해질 가능성이 있다는 걸 뜻한다고 말했어요. 다시 말해 본성이 선하다고 해서 모든 인간이 반드시 선한 것은 아니라는 말이에요. 잠재되어 있는 선한 본성을 밖으로 꺼내려면 성인의 도덕적 가르침을 배우고 선한 본성으로 악한 정욕을 누르는 법을 배워야 해요.

　고대 그리스의 플라톤이 인간을 금, 은, 동 세 등급으로 나눴던 것을 기억하지요? 플라톤과 마찬가지로 동중서도 사람의 본성을 세 등급으로 나누었어요. 가장 높은 곳에 있는 '성인의 성품'은 공자와 군주 같은 사람들이 지닌 본성이에요. 그들은 천성적으로 선하게 태어나 교육을 받지 않고도 성인이 될 수 있어요. 군주는 하늘과 인간의 중재자인데 하늘의 명을 받아 인간 세상에서 뜻을 펼쳐요. 또한 백성을 바른 길로 이끌고 욕망을 억눌러 세상을 안정시키지요. 군주는 하늘이 도와주는 존재이므로 신성한 힘을 가지고 있어요. 그러므로 더욱 하늘의 뜻을 거슬러서는 안돼요. 만약 자신이 해야 할 일을 잊고 하늘의 뜻을 거스른다면 무서운 벌을 받게 돼요.

　가장 낮은 등급의 인성은 '비루한 성품'이에요. 최초로 농민 봉기를 일으켰던 진승, 오광과 같이 통치세력에 반항하고 천명을 거스르는 사람들이 가진 성품을 말하지요. 동중서는 이런 사람들은 태어나면서부

'비루한 성품'을 가진 유민들은 주로 구걸이나 곡예로 살아가요.

터 악하게 태어났으며 평생 '선'과는 거리가 멀다고 했어요. 그들은 '선'이 무엇이며 어떻게 선행을 해야 하는지를 배워도 악한 본성을 떨치지 못해요. 그러므로 그들을 교육하느라 괜한 헛수고하지 말고 엄벌로 다스려야 한다고 주장했어요.

'성인의 성품'은 천성적으로 선하고 '비루한 성품'은 천성적으로 악하므로 둘 다 굳이 가르칠 필요가 없어요. 그렇다면 동중서가 말한 '바른 길로 이끌 수 있는 성품'을 가진 사람은 누구일까요? 바로 '성인의 성품'과 '비루한 성품'의 중간에 있고 대부분의 사람들이 가진 '보통 사람의 성품'이에요. 동중서는 보통 사람의 성품은 아직 깨어나지 않아 사물을 제대로 보지 못하고 무지한 상태라고 했어요. 그래서 '성인의 성품'을 가진 사람이 보통 사람들을 가르쳐야 해요. 교육을 통해 그들의 내면에 잠재되어 있는 선한 본성을 깨워 선한 행동을 하도록 해야 해요.

그렇다면 '보통 사람의 성품'을 가진 사람의 내면에 깃들어 있는 선을 밖으로 꺼내는 방법은 무엇인가요? 이것은 성과 정의 마찰과 관계가 있어요. 우선 군주가 백성을 바른 길로 이끌고 백성이 시키는 대로 따르면 잠들어 있던 선한 본성을 이끌어 낼 수 있어요. 이와 동시에 욕망을 통제하면 탐욕에서 비롯되는 악을 없앨 수 있어요. 이렇게 하면 성과 정이 충돌하는 것을 막고 선한 본성을 드러낼 수 있어요.

동중서의 성삼품설에 따르면 군주는 절대적인 권위를 가지고 있고 백성은 마땅히 군주에게 순종해야 해요. 다시 말해 성삼품설은 군주 전제 정치를 뒷받침하는 사상이며 백성들에게 군주의 통치에 따르고 반항하지 말라고 가르치고 있어요. 그래서 통치자들은 성삼품설을 적극적으로 받아들였고 이후 유학은 봉건 전제 정치를 뒷받침하는 사상이 되었답니다.

그러나 당唐나라 건국 이후 이번에는 도교와 불교가 전성기를 맞이하게 되었어요. 전국적으로 수많은 사찰이 생겼는데 안팎이 화려하기 이를 데 없었고 향 사르는 냄새가 그치지 않았어요. 두목杜牧의 강남춘江南春에 이런 시구가 나와요.

남조의 사백팔십 사찰, 수많은 누대가 안개비 속에 흐릿하게 보이는구나.

南朝四百八十寺,

多少樓臺煙雨中

인로왕보살(引路王菩薩, 죽은 사람의 넋을 맞아 극락세계로 인도하는 보살)이에요. 당나라 때는 불교가 크게 유행했어요.

이것을 보면 그 당시 불교가 얼마나 널리 퍼졌는지 잘 알 수 있어요. 그 전까지만 해도 유학은 그 무엇과도 비교할 수 없는 영향력을 가지고 있었어요. 그러나 유학은 갈수록 커지는 도교와 불교의 힘에 두려움을 느끼기 시작했어요. 불교에서는 모든 사람이 불성(佛性, 본래부터 중생에게 갖추어져 있는 부처를 이룰 수 있는 근본 성품)을 지녔다고 생각해요. 그래서 인생이란 사람이 원래부터 가지고 있는 불성을 겉으로 드러내는 과정이라고 보았어요.

'당송팔대가'의 으뜸으로 꼽히는 한유는 유명한 문학가이자 철학자였어요. 한유는 불교의 가르침을 매섭게 비난했어요. 그는 불교가 주장하는 것은 모두 현실에서 동떨어져 있다고 했어요. 또한 종교가 너무 발전하면 재산이 축나고 게으른 사람이 많아져 나라의 힘이 약해진다고 했어요. 그래서 한유는 전통유학의 입장에서 동중서의 성삼품설을 이어받아 한층 더 발전시켰어요.

동중서가 주장한 성삼품설과 마찬가지로 한유 역시 사람의 본성을 세 개로 나누었어요. 다만 다른 점이 있다면 한유는 기쁨喜, 노여움怒, 슬픔哀, 두려움懼, 사랑愛, 미움惡, 욕심欲의 일곱 가지 감정도 세 단계로 나눴다는 거예요.

주나라 문왕文王은 어머니의 뱃속에 있을 때부터 순했다고 해요. 태어나서는 부모님의 말씀을 잘 듣고 공부도 열심히 해서 많은 사람들의 사랑을 받았어요.

한유는 문왕을 예로 들어 원래부터 선한 본성을 타고나는 사람이 있다고 주장했어요.

그런 사람들은 인의예지신仁義禮智信의 다섯 가지 덕을 고루 갖추고 있어요. 또한 그들의 칠정육욕(七情六欲, 육욕은 육근(六根)을 통하여 일어나는 여섯 가지 욕정. 색, 미모, 애교, 말소리, 이성의 살결, 사랑스러운 인상에 대한 탐욕을 말하며, 칠정은 사람의 일곱 가지 감정을 말함)은 덕에서 조금도 어긋나지 않아요. 상품上品에 속하는 이런 선한 성품은 배움을 통해 더욱 갈고 닦을 수 있어요.

한유는 상품의 성정을 가진 사람으로 성인과 군주를 꼽았어요. 그들은 의식주를 비롯한 인간의 모든 활동을 만들어내고 이끄는 사람들이에요. 만약 성인이 앞에서 이끌어주지 않았다면 인간은 일찌감치 이 세상에서 사라졌을지도 몰라요.

성인군주와 비교해 보았을 때 악한 성품을 타고 나는 사람도 있어요. 한유는 진晉나라의 대부였던 숙어叔魚를 예로 들어 설명했어요.

갓 태어난 숙어를 본 그의 어머니는 기분이 몹시 언짢았어요. 그녀는 아들을 들여다보며 이렇게 말했어요.

"이 아이는 호랑이 눈에 돼지 입을 가진 데다 매의 어깨와 소의 배를 하고 있구나. 깊은 계곡은 메워도 이 아이의 욕심은 메울 수 없을 것이다. 틀림없이 재물 때문에 죽겠구나!"

과연 숙어 어머니의 예상은 빗나가지 않았어요. 훗날 숙어는 재판을 하면서 뇌물을 받아 죽임을 당했어요.

또 다른 예는 숙어의 형 숙향叔向의 아들인 양식아楊食我의 일화예요. 양식아가 태어나던 날 숙향의 어머니는 손자를 보러 왔다가 아이의 울음소리만 듣고 돌아가 버렸어요. 돌아가는 길에 그녀는 이렇게 말했어요.

"마치 늑대의 울음소리 같구나. 이 아이로 인해 우리 집안은 멸문지화(滅門之禍, 한 집안이 다 죽임을 당하는 끔찍한 재앙)를 당하게 될 것이다."

이번에도 그녀의 예상은 딱 들어맞았어요.

한유

한유(768~824) : 자는 퇴지退之로 당송팔대가 중 한명이에요. 고문운동의 선구자로 한창여(韓昌黎), 한이부(韓吏部) 등으로 불렸어요.
당송팔대가의 나머지 일곱 명은 유종원柳宗元, 왕안석王安石, 구양수歐陽脩, 증공曾鞏, 소순蘇洵, 소식蘇軾, 소철蘇轍 이에요.

갓 태어난 숙어를 본 그의 어머니는 불길한 예감이 들었어요. 그녀의 예감은 틀리지 않았어요. 숙어는 결국 재판 중에 뇌물을 받아 죽게 되었어요.

양식아가 초나라 왕을 살해하려다가 실패한 탓에 그의 가족은 모두 몰살당하고 말았답니다.

한유는 이 두 개의 일화를 예로 들며 인간의 본성은 모두 선하다는 주장을 반박했어요. 한유는 악한 본성을 타고나 아무리 교육을 시켜도 악행을 일삼는 성품을 고칠 수 없는 사람이 있다고 했어요. 그런 사람들은 정욕에 따라 행동하기 때문에 법으로 다스릴 수밖에 없어요.

상품과 하품 사이에 끼어있는 중품을 가진 사람은 선해질 수도 있고 악해질 수도 있어요. 정욕이 일어난다고 꼭 도를 넘어 행동하지는 않아요. 그러므로 반드시 정욕을 억제할 수 있도록 교육시켜 군주 통치 체제에 필요한 성품을 길러줘야 해요.

우리는 감정을 표현하는 방식을 보고 그 사람이 선한 사람인지 악한 사람인지 알 수 있어요. 그러므로 감정은 인간의 본성을 보는 창이라고 볼 수 있어요. 한유는 동중서처럼 정욕을 없애야 한다고 주장하지도, 그렇다고 정욕에 따라 행동하라고 하지도 않았어요. 그가 주장한 것은 흔히 우리가 말하는 '중도(中道, 양극단에 치우치지 않는 중정(中正)의 도)'였어요. 다시 말해 정욕을 적당히 누르되 지나치지도 모자라지도 않아야 한다는 것이지요.

오랜 역사를 지닌 중국에서 한나라와 당나라는 가장 강성했던 왕조였어요. 두 왕조 모두 전쟁과 분열을 끝내고 천하통일을 이루었어요. 그런 상황에서 동중서와 한유가 제시한 성삼품설이 바라는 것은 한 가지였어요. 바로 통일된 전제 통치 국가의 기반을 탄탄하게 다지는 것이었지요. 사실 두 사람의 성삼품설은 바라던 목적을 이루었다고 할 수 있어요. 한나라와 당나라 때 천하는 태평성대를 맞이했고 경제와 문화 모두 번창했으니 더 이상의 설명이 필요 없겠지요?

인간의
진화

태초의 수북한 털로 덮인 원인(猿人)부터
오늘날의 위풍당당한 만물의 영장이 되기까지
인간은 온갖 풍파를 견뎌냈어요
하지만 인간의 여정은 아직 끝나지 않았어요
인간의 발걸음은 지금도 그리고 앞으로도 멈추지 않을 거예요
꿈에 그리는 자유의 왕국에 도달할 때까지......

자유의 왕국이라는 이상

평생 '천하위공
(天下爲公, 세상
은 모두를 위한
것)' 사회를 만들
기 위해 헌신한
손중산(孫中山)

아득한 옛날부터 잠시도 쉬지 않고 앞을 향해 달려
온 인간은 희망찬 21세기로 거침없이 뛰어들었어
요. 새로운 세기로 들어섰다는 생각에 가슴이 벅차
오른 인간은 그 동안 걸어온 길들을 돌아보았어요.
역사는 크고 작은 발자국으로 가득 차 끝이 보이지
않는 아득한 옛날로 이어져 있었어요.

인간은 어째서 과거에 대한 궁금증을 떨칠 수 없
는 것일까요? 설마 하늘을 지붕 삼아 짐승과 어울
려 살던 그때로 돌아가고 싶어서일까요? 물론 그런
건 아니에요. 거기에 답하려니 노신(魯迅, 20세기 중국문학의 거장)의 명언
이 떠오르네요.

"세상에는 원래 길이 없었다. 지나다니는 사람이 많아지면서 자연히

길이 된 것이다."

미래는 가본 사람이 없기 때문에 아무 것도 예측할 수 없는 하얀 도화지와 같아요. 우리가 인간의 기원을 묻는 이유는 역사를 통해 앞으로 가야 할 길을 알기 위해서예요.

역사가 우리에게 미래로 가는 지혜를 알려줬다면 이성은 미래로 가는 용기와 힘을 주었어요. 미래를 이야기 할 때 사람들의 머릿속은 아름다운 꿈으로 가득 차요. 삶에 대한 바람을 보여주는 이러한 꿈은 인간이 더 열심히 살아갈 수 있도록 힘을 불어넣어줘요.

이미 2000여 년 전 중국에서 이상적인 '대동세계大同世界'를 꿈꾼 사람이 있었어요. 대동사회에서는 천하가 모든 사람의 것이었어요. 덕과 재능을 겸비한 사람이 나라를 다스리고 사회의 계급이 분명하게 나눠져 있고 남녀가 각기 다른 일을 맡아 했어요.

사람들은 부모를 공경하고 자식을 사랑했으며 다른 사람의 부모자식도 아꼈어요. 그래서 모든 노인은 남은 인생을 편안하게 보냈고 젊은 사람은 자신의 능력을 마음껏 발휘했으며 아이들도 건강하게 자랐지요. 의지할 곳 없는 사람과 몸이 불편한 사람도 사회의 품에서 행복하게 살 수 있었어요. 사람들은 성실과 신용을 중요하게 생각했고 서로 친하게 지냈어요. 서로 속이고 훔치고 싸우는 일도 없었기 때문에 대문을 잠글 필요도 없었어요.

위대한 인문 전통과 이성 정신을 가진 서양도 일찍부터 자유로운 세상을 동경했어요. 서양 사람들은 자유로운 세상에 관한 수많은 문학 작품을 남겼어요. 예를 들어 고대 그리스의 플라톤은 철학으로 세상을 다스리는 '이상국가'를 제시한 적이 있어요.

르네상스 시대에 이르러 사람들은 잔인하고 가혹한 신의 지배에서 벗어나려고 했어요. 모두가 자유와 평등을 간절히 바랐어요. 이탈리아의 사상가 캄파넬라(Campanella, 1568~1639)는 빛과 따스함이 가득하고 서로 괴롭히고 남의 것을 빼앗는 일이 없는 아름다운 세상을 소개하기도 했어요.

이상은 아직 실현되지 않은 바람이에요. 그래서 언제나 아름다움이 가득하지요. 그러나 지나치게 아름답기만 해서 실현될 수 없는 이상은 '유토피아(Utopia)'라고 불러요. 유토피아는 라틴어에서 온 말로 '어디에도 존재하지 않는 곳'이란 뜻이에요. 영국 태생의 유명한 인문주의자였던 토마스 모어(Thomas More, 1478~1535)는 이상적인 사회를 그린 '유토피아'를 남겼어요.

유토피아는 바다에 둘러싸인 섬나라였어요. 섬에는 54개의 웅장하고 화려한 도시가 있고 유토피아의 수도는 섬 한가운데에 있었어요. 유토피아에서는 사회 구성원들이 땅, 집, 도구, 생활용품 등을 모두 공유하고 필요에 따라 나눠가졌어요. 사유재산 관념을 갖지 않도록 하기 위해 10년마다 이사를 다니도록 했어요. 그래서 사람들은 물건을 두고 다투지 않았답니다.

플라톤이 바라던 이상국가의 풍경

로렌조 코스타(Lorenzo Costa, 1460~1535, 이탈리아 르네상스 시대 화가)의 〈The Reign of Comus〉. 삶에 대한 아름다운 동경을 담고 있어요.

　사회구성원은 남녀를 불문하고 모두 하루 6시간씩 일을 했어요. 여가 시간에는 연구도 하고 오락도 즐기고 쉬기도 하면서 자유롭게 보냈어요. 그렇지만 어느 누구도 타락하지 않았어요. 왜냐하면 애당초 유토피아에는 술집이나 사창가 같은 곳이 없었기 때문이에요.

　유토피아 사람들은 금은보화를 좋아하기는커녕 오히려 매우 불결하다고 생각했어요. 한번은 이런 일도 있었어요. 한 외국 사절단이 유토피아를 방문했어요. 그들은 자신들의 부를 과시하기 위해 온갖 보물로 몸을 치장한 채 거리로 나섰어요. 그러나 한껏 폼을 잡고 우쭐대던 사절단은 존경이 아닌 경멸에 찬 눈들을 발견하고 깜짝 놀랐어요. 나중에서야 사절단은 유토피아 사람들이 재물에는 전혀 관심이 없다는 사실을 알게 되었어요. 심지어 금으로 노비의 족쇄를 만들고 금은보화로 변기를 만든다는 사실에 몹시 당황했지요.

　물론 이런 일은 상상 속에서나 가능한 일이에요. 그런데 정말로 이런 이상적인 세계가 만들어진다면 어떨까요? 근대 영국의 공상적 사회주의자였던 로버트 오웬(Owen Robert, 1771~1858)은 상상만 하던 이상

오웬의 이상사회

사회를 현실 세계로 옮긴 인물이에요.

로버트 오웬은 가난한 마구馬具장이의 아들로 태어났어요. 어려서부터 자본주의의 폐해를 직접 목격한 오웬은 언젠가 수탈도 억압도 없고 전 사회가 재산을 공유하는 아름다운 세상을 만들겠다고 다짐했어요.

1824년 오웬은 모든 자산을 팔아 돈을 마련하여 네 아들과 백 명의 동료를 데리고 미국으로 건너갔어요. 인디아나주에 도착한 오웬은 대규모 토지를 사들여 자신이 꿈꾸던 이상사회인 뉴하모니(New Harmony)를 설립했어요. 그들은 버려진 땅을 개간하여 그 위에 집을 짓고 농사를 짓기 시작했어요. 얼마 지나지 않아 곳곳에 마을과 공장이 들어섰어요. 짙푸른 숲에 둘러싸인 마을에는 반듯하게 길이 닦여 있고 그 길을 따라 가로수가 줄 지어 심어져 있었어요. 마을에는 회의실과 독서실, 학교, 병원, 마을회관을 포함한 각종 공공시설들이 갖춰져 있었어요.

오웬은 마을 주민들과 함께 일하고 노동의 결실을 똑같이 나누었어요. 아이들은 무료로 학교를 다닐 수 있었어요. 공부도 하고 화단 가꾸

기와 집안일 돕기 같은 유익한 노동에도 참여했어요. 청년들은 다양한 분야에서 일했어요. 공장에서 일하는 사람도 있고 농사를 짓는 사람도 있었어요. 과학 연구를 하거나 관리를 맡은 사람도 있었고 외부와의 교류만 맡아서 처리하는 사람도 있었어요. 노인들은 단체를 구성해 법을 집행하고 감독하는 일을 맡았어요. 그렇게 뉴하모니 사람들은 각자 맡은 바 임무를 수행하면서 '하모니'를 이루고 살았어요.

그러나 '뉴하모니'는 진정한 '이상향'이 아니었어요. 왜냐하면 자본주의의 틀 안에 형성되었기 때문이에요. 부러움에 가득 찬 눈길들이 뉴하모니로 쏟아졌어요. 특히 억압받고 착취당하던 노동자들은 서로 다른 목적을 가지고 뉴하모니로 몰려들었어요.

얼마 후, 공동체 사람들 사이에 틈이 생기기 시작했어요. 순간의 '하모니'는 그렇게 끝나버렸어요. 일단 사람이 늘자 공동체의 생산량이 소비량에 크게 못 미쳐 공급이 달리기 시작했어요. 또한 공동체 구성원들의 수준이 낮아 다들 힘들고 더러운 육체노동은 하지 않으려고 했어요. 그래서 공장과 수공업장은 수시로 생산을 중단했어요. 오웬은 눈덩이처럼 불어나는 공동체의 적자를 감당할 수 없었어요. 그래서 결국 4년 만에 '뉴하모니'의 실패를 선언하게 되었어요.

마르크스

이렇듯 어떤 사람은 글로써 유토피아를 그려냈고 또 어떤 사람은 실제로 유토피아를 만들려고 했어요. 앞의 경우든 뒤의 경우든 둘 다 아름답고 자유로운 세상을 꿈꾸었다는 점은 틀림없는 사실이에요. 진정한 유토피아를 향한 옛 사람들의 노력을 보고 있자면 절로 감탄사가 나와요. 하지만 문득 그들이 놓친 무언가가 있다는 생각이 들어요. 바로 그 중요한 무언가 때문에 모든 이상향은 그저 사람들의 상상 속에 머물 수밖에 없었어요.

현대 사회주의의 아버지 마르크스는 평생 동안 인간의 과거와 현재, 미래의 발전 법칙을 연구했어요. 이를 통해 이상적이고 현실적인 '자유의 왕국'을 만들고자 했어요.

아마도 언젠가는, 아주 먼 미래의 어느 날에는 지구상의 모든 국경이 사라질 거예요. 그때가 되면 유럽과 아시아는 물론 아메리카, 호주 각국이 국경 없이 서로 어울려 살게 되겠지요. 모든 사람이 똑같은 하늘 아래 자연과 사회의 산물을 공유하며 살아갈 수 있어요.

그때는 과학기술이 우리가 상상하는 것 이상으로 발달해 모든 사람이 충분히 쓸 수 있을 만큼 물건을 생산할 수 있어요. 그래서 사람들은 더 이상 돈을 벌고 물건을 만들기 위해 힘들게 일하지 않아도 돼요. 드디어 인간의 가치를 실현할 수 있는 시대를 맞이하게 된 거예요. 더 이상 필요에 의해서가 아니라 자신의 재능과 힘을 발휘하고 발전시키기 위한 도구로 노동을 활용하게 되었으니까요. 인간은 노동을 하면서 진정한 인생의 의미를 깨닫고 자신의 가치를

마르크스의 영향을 받아 실시된 정치운동

실현하게 돼요.

오웬의 '뉴하모니'는 모래 위에 지어져 있어 언젠가는 무너질 수밖에 없지만 마르크스가 주장한 '자유의 왕국'은 튼튼한 평지에 세워져 있어 결코 무너지지 않아요. 자유의 왕국과 공상가들이 꿈꾼 유토피아는 전혀 달라요. 자유의 왕국은 인간이 실현할 수 있는 유일한 '이상향'이거든요.

그런데 어째서 자유의 왕국이 유일한 유토피아라는 거지요?

인간은 자연과 사회, 정신의 상태로 현실 속에 살아있는 존재예요. 인간은 끊임없이 자연과 사회를 개조해 물질, 사회 그리고 정신적 필요를 채워가지요. 그러나 무엇이든지 인간이 마음먹은 대로 되는 것은 아니에요. 그 과정에서 어쩔 수 없이 자연과 사회, 자기 자신 등 여러 주체의 속박과 반대에 부딪히게 되지요. 이것이 바로 인간이 자유롭지 못한 이유랍니다. 자유의 왕국은 인간이 꿈꾸는 이상사회예요. 왜냐하면 그곳에서는 물질과 타인, 자기 자신의 속박을 받지 않고 자연, 사회, 자아가 조화를 이루며 함께 살 수 있거든요. 그리고 모든 사람이 충분히 그리고 자유롭게 잠재능력을 발휘할 수 있어요.

마르크스는 이러한 자유의 왕국을 실현할 수 있는 현실적인 길을 마련해 주었어요. 규칙에 대해 잘 모르기 때문에 속박이 생기는 거예요. 그러므로 자연, 사회 및 사상의 규칙을 제대로 아는 것이 중요해요. 지피지기면 백전불태(知彼知己百戰不殆, 상대를 알고 나를 알면 백 번 싸워도 위태롭지 않다)라는 말이 있잖아요. 미래의 어느

서있는 마르크스. 오늘날까지 그의 학설, 특히 공산주의사상은 현실 정치에 심대한 영향을 미치고 있어요.

마르크스의 서명

날, 인간이 자유롭게 규칙을 운용해 자연과 사회, 자아를 개조할 수 있게 된다면 진정한 자유에 다가갈 수 있어요.

규칙이 무엇인지 이론적으로 이해하는 것과 규칙을 실제로 따르는 것은 떼려야 뗄 수 없는 관계에 있어요. 이론이 아무리 잘 갖추어져 있더라도 현실에 응용할 수 없다면 뿌리 없는 나무나 진배없어요. 다시 말해 이론이 흠잡을 데 없이 훌륭하다 하더라도 실제로 검증을 거치지 않았다면 한낱 공상에 지나지 않아요. 마르크스는 인간이 규칙을 현실에서 적용하는 것, 특히 생산현장에 적용하는 것은 사회의 진보를 촉진하는 원동력이라고 주장했어요.

원시인들은 자연과 사회 및 자아를 개조하는 능력이 부족했고 생산능력도 보잘 것 없었어요. 그래서 물질과 집단으로부터 자유로울 수 없었어요. 그러나 긴 세월 동안 땀과 눈물을 쏟은 끝에 인간은 이미 자연과 사회, 자아를 마음대로 개조할 수 있는 존재로 발전했어요. 이것으로 보아 인간의 생산력이 발전함에 따라 자연, 사회 및 자아를 극복하는 능력도 커진다는 사실을 알 수 있어요. 그렇기 때문에 자유의 왕국은 실현 가능한 이상향이에요.

자유의 왕국은 인간이 꿈꾸는 사회이며 인간이 닿아야 할 목표이자 삶의 원동력이에요. 물론 어느 누구도 자유의 왕국이 실현될 날을 점칠 수는 없어요. 하지만 자유의 왕국은 언제나 영혼 깊숙한 곳에 자리한 채 인간이 희망을 갖고 미래로 나아가도록 힘을 실어 줄 거예요.

인간과
자연

지난 30년 동안 지구상의 자원 중에 3분의 1이
완전히 없어졌고 숲은 12%나 사라졌어요. 생
물종도 3분의 1이 자취를 감췄고 인간이 마실
수 있는 물은 55%나 줄어들었어요.

심각한 오염에 신
음하는 지구

1999년과 2000년에 발생한 가뭄, 홍수, 태풍, 폭
우, 허리케인 등의 자연재해는 반세기 전보다 다섯 배
나 늘었어요. 매년 평균 2.11억 명이 자연재해로 인해 피해를
입었어요. 전쟁으로 인한 피해자수와 비교해보면 7배나 많아요.

현재 도시 거주민 중 약 70%(15억 명)가 오염된 공기를 마시고 있고
이로 인해 매년 800명이 넘는 사람들이 목숨을 잃고 있어요. 뿐만 아
니라 매일 15,000명이 오염된 물을 마시고 죽어요. 더 안타까운 사실
은 대부분 어린아이들이 죽는다는 거예요. 또한 매일 55,000 헥타르에
달하는 숲이 파괴되고 있고 161km²라는 엄청난 면적의 토지가 사람

이 살 수 없는 땅으로 변하고 있어요. 그런데도 매일 14만 대의 새 차가 고속도로를 질주하고 세계 각지에 세워진 400여 기의 원자력 발전소에서는 26톤의 핵폐기물을 쏟아내고 있어요. 게다가 매일 12,000배럴의 석유가 바다로 흘러 들어가고 있어요.

하루가 다르게 간담을 서늘하게 하는 수치들이 쏟아져 나오자 환경 전문가들의 발걸음도 급해졌어요. 그들은 "지구는 50년 뒤에 멸망할 것이다."라고 경고하며 하루 빨리 대책을 마련해야 한다고 호소했어요. 인간은 어쩔 수 없이 선택의 길 위에 서게 되었어요.

먼저 일분일초라도 빨리, 그리고 모든 분야에서 더 이상 자원을 약탈하지 않는 길이 있어요. 또 다른 길은 지구를 대신할 새로운 행성을 찾아 나서는 거예요.

1972년 로마클럽(현대사회의 여러 문제를 국제적인 시야에서 해결하려는 미래연구기관)은 첫 번째 보고서인 《성장의 한계》에서 깜짝 놀랄만한 예측을 내놓았어요. 보고서에 따르면 만약 지금의 세계인구, 산업화, 자원 소모, 환경오염, 식량생산의 흐름이 바뀌지 않고 지속된다면 다음 세기의 어느 순간에 지구는 성장의 한계에 도달하게 돼요. 그때가 되면 지구의 멸망을 막을 수 없어요. 전 지구적 생태 위기에 대한 로마클럽의 보고서가 발표되자 세계는 두려움에 휩싸였어요.

그로부터 30여 년의 세월이 흐르는 동안 보고서의 예측이 하나씩 맞아떨어졌어요. 오늘날 인간과 자연의 관계는 인류의 발전에 가장 큰 영향을 미치는 요소가 되었어요. 그래서 전 세계가 이 문제가 어떻게 해결되는지에 커다란 관심을 보이고 있어요.

지난 100년 동안 물질의 생산과 소비에 있어 인간은 두 눈이 휘둥그

레질만한 발전을 이루었어요. 인간이 생산해 낸 것은 이루 다 헤아릴 수 없을 만큼 많았어요. 그러나 갖가지 상품을 만들고 더 많은 돈을 벌기 위해 어마어마한 양의 자연자원을 가져다 썼어요. 그러면서도 이 때문에 발생한 이산화탄소와 오수는 아무렇게나 대자연으로 내보냈어요. 소비에 있어서도 마찬가지였어요. 동식물과 각종 상품을 소비하고 나서 발생한 많은 양의 쓰레기와 폐기 가스를 그대로 대자연에 버렸어요. 자연은 귀중한 자원을 내준 대가로 고작 쓰레기를 얻었을 뿐이에요. 이제 자연은 더 이상 인간의 이기적인 행위를 받아줄 수 없는 지경에 이르렀어요.

1998년, 중국 대륙 위를 흐르던 장강, 눈강, 송화강과 같은 큰 강들에게서는 지난날의 부드러움은 찾아볼 수 없었어요. 고요하게 흐르던 강들은 그 동안 감춰왔던 잔인한 발톱을 드러냈어요. 홍수로 불어난 강물이 인간을 향해 마수를 뻗쳐온 거예요. 그 결과 장강 중하류 지역의 농경지와

인간과 자연은 서로 적일까요 아니면 친구일까요? 이것은 인간의 발전과 깊이 관련되어 있는 문제예요.

마을은 흔적을 찾아볼 수 없을 정도
로 큰 피해를 입었고 수백만 명의 이
재민이 발생했어요.

홍수는 매년 발생하는 자연재해였
어요. 그런데 어째서 그 해에만 그토
록 심각한 피해가 발생한 것일까요?

그것은 자연재해이자 동시에 인재
人災였어요. 사람들은 '돈' 에 눈이 어두워 장강, 눈강, 송화강 상류에서
많은 양의 나무를 베어냈어요. 이 때문에 1950년대 초 40%에 달했던
녹지는 20%로 줄어들었어요. 숲의 면적이 줄어들자 빗물에 씻겨 내려
가는 흙도 늘어
났어요. 짙푸른
물탱크는 점차
자취를 감추기
시작했어요. 자
기를 받아주던
숲이 온데간데
없이 사라지자
폭우는 흙더미
를 몰고 강으로

심각한 스모그 속을 멋지게 차려입은 여성이
방독면만 착용한 채 자신처럼 방독면을 한 강
아지를 데리고 산책하고 있어요. 인간은 결국
지구를 오염시킨 죗값을 치르게 될 거예요.

쏟아져 들어갔어요. 강바닥에 진흙이 쌓이면서 자연히 물의 높이가 올라갔고 결국 심각한 홍수 피해로 이어지게 된 것이지요.

원래 장강 중하류 지역은 호수가 많고 강줄기가 곳곳으로 연결되어 있어서 홍수를 조절하는 천연 물탱크 역할을 했었어요. 그런데 사람들이 호수 주변에 농경지를 개간하고 심지어 호수를 메워 논으로 이용하기 시작하면서 변화가 시작되었어요. 호수는 더 이상 빗물을 저장할 수도, 그리고 물의 양을 조절할 수도 없게 되었어요. 그 결과 비만 왔다 하면 장강 일대는 온통 물바다로 변하게 된 거예요. 원래 물이 있어야 할 곳을 인간이 마음대로 빼앗았기 때문에 갈 곳을 잃은 물은 어쩔 수 없이 사방으로 흘러넘치게 되었어요. 자기밖에 모르고 탐욕스러우며 배려심이라고는 눈곱만큼도 없는 인간에게 그동안 참아왔던 분노를 터뜨린 셈이지요.

20세기는 과학이 눈부신 발전을 거둔 빛의 시대였어요. 또한 자연재해가 시도 때도 없이 발생한 어둠의 시대였어요. 세우고 파괴하고 자연을 정복하면서도 자연에게 정복당한 시대였던 것이지요.

의학기술이 하루가 다르게 발달하여 인간은 과거와는 비교도 할 수 없을 정도로 오래 살게 되었어요. 하지만 1950년대부터 기상과 관련된 사망자수는 오히려 매년 5% 속도로 늘어나고 있어요. 농업 분야에서도 새로운 기술이 개발되면서 많은 사람들이 굶주림에서 벗어났지만 식품에 남아있는 농약을 먹고 죽는

도도한 장강의 물줄기

히로시마 폭발 당시
살아남은 일본인과
폭발 이후 폐허로
변한 히로시마

사람은 해마다 늘고 있어요. 산업의 발달로 인간을 위한 편의 시설이 늘어났지만 그로 인해 수많은 나무들이 잘려나갔어요.

사람들은 아름다운 세상을 만들기 위해 오늘도 바쁘게 뛰어다니고 있어요. 하지만 그런 사람들 주변에는 스모그와 먼지, 폐기 가스, 산성비, 오수가 넘쳐나고 있어요.

1986년 4월, 구소련의 체르노빌 원자력 발전소에서 인류 역사상 최악의 원자력 사고가 발생했어요. 당시 4호기 원자로는 계획에 따라 가동을 멈춘 상태에서 실험을 실시했어요. 그러나 실험 조작원이 여러 차례 안전 규칙을 어기는 바람에 반응로가 폭발해 버렸어요. 순식간에 2000℃의 불길이 원자로를 집어삼켰고 고도의 방사성 물질이 밖으로 흘러나와 7000명이 넘게 죽고 말았어요. 그 밖에도 직간접적으로 방사성 물질의 피해를 입은 사람의 수는 헤아릴 수조차 없을 정도예요. 체르노빌 원자력 발전소 폭발 사고로 전 유럽은 엄청난 대가를 치러야 했어요. 유럽 각국이 입은 방사성 낙진 피해도 심각했는데 그 중에서도 스웨덴이 가장 심각한 피해를 입었어요. 유럽 각국에서 생산된 채소와 우유도 먹을 수 없었어요. 이 모든 것

히로시마 원폭 투하 후에 생긴 버섯구름

은 사람들에게 엄청난 두려움을 심어주었어요.

1943년에 미국 로스앤젤레스에서 발생한 일이에요. 대량으로 배출되던 자동차

산업혁명을 거치면서 인간의 삶의 방식을 크게 바꿔었어요.

배기가스 중에 포함된 어떤 화학물질이 태양 자외선과 반응하여 광화학반응을 일으켰어요. 그 결과 하늘색의 유독가스가 발생해 대다수 시민들이 병에 걸렸어요. 그런데 1955년 똑같은 사건이 또 발생했어요. 가스에 중독된 65세 이상 노인들의 오관(五官, 눈, 코, 입, 귀, 혀)이 부어올랐고 호흡곤란으로 400명이 넘게 사망했어요.

사람들은 자신이 가진 능력을 지나치게 높이 평가했어요. 그래서 발달된 과학 기술을 이용해 인간의 삶을 더욱 편리하게 해주는 도구들을 줄기차게 만들어 냈어요. 하지만 이것이 도리어 인간의 삶을 위협할 줄은 꿈에도 생각하지 못했어요. 군사기술이 발달하면서 사람들은 갈수록 보다 강력한 힘을 가진 무기를 발명했어요. 그러나 전쟁 때문에 대자연이 입는 피해가 커질수록 인간이 입는 피해도 늘어난다는 사실은 깨닫지 못했어요.

2차 세계대전 당시 미국은 일본 히로시마와 나가사키에 원자폭탄을 투하했어요. 이 때문에 셀 수 없이 많은 사람이 죽었어요. 운 좋게 살아남은 사람들 중에도 앞을 보지 못하게 된 사람이 헤아릴 수 없이 많았어요. 원자 폭탄 폭발로 인한 방사능 피해는 아직까지도 이어지고 있어요. 이 두 지역에서 암에 걸리는 사람들이 눈에 띄게 많은 것도 그 중 하나이지요.

오랫동안 인간은 자신이 얼마나 오만하고 이기적인지, 얼마나 욕심이 많고 무자비한지 그리고 얼마나 안목이 좁은지 전혀 깨닫지 못했어요. 인간의 약탈을 더 이상 견디지 못한 자연이 반격을 시작하자 이제야 조금씩 느끼기 시작했어요. 하천이 옆으로 흘러넘치고 자원이 바닥을 드러내고 방사능이 인간의 삶에 나쁜 영향을 미치기 시작한 지금에서야 인간은 깨달았어요. '자연이 우리에게 경고하고 있구나!'

자연은 마음대로 빼앗아도 되는 대상이 아니며 바라는 것은 무엇이나 내어주는 존재도 아니에요. 자연을 아끼는 것은 우리 자신을 아끼는 것과 같아요. 그리고 지구를 구하는 것은 바로 우리들의 미래를 구하는 것이에요. 다른 생물처럼 인간도 대자연으로부터 살아가는 데 필요한 모든 것을 얻었어요.

인간은 대자연의 자식이고 자연은 자애로운 어머니예요. 대자연은 인간이 성장할 때까지 따스한 품안에서 보호하고 길러주었어요. 웅장하고 아름다운 대자연은 인간에게 기쁨과 사랑을 선사하는 낙원이에요.

또한 자연은 인간을 지혜의 길로 이끈 인도자예요. 신비한 매력을 가진 자연은 인간을 탐구의 길로 이끌어 지혜를 가진 만물의 영장이 되게 했어요. 그러면서도 자연은 신성한 힘을 가진 신처럼 인간의 탐욕과 죄악을 용서하지 않고 벌을 내렸어요.

중국 선인들이 동경하던 천인합일天人合一의 경지-1

대자연의 품속에서 자란 인간은 마침내 미개한 시대에서 벗어나 문명 시대로 들어섰어요. 그러나 인간은 경제적 기적을 이룸과 동시에 욕심과 무지 때문에 되돌릴 수 없는 잘못을 저질렀어요. 인간의 행위로 환경은 오염되고 생태환경은 악화되었어요. 결국 고통을 견디다 못한 자연은 인간에게 보복하기 시작했어요. 자신이 저지른 죗값을 치르며 인간은 새로운 사실을 깨달았어요. 그것은 바로 자연과 조화롭게 살아야만 인간에게 미래가 있다는 진리였어요.

세상을 구하려면 먼저 인간중심주의와 물질만능주의에서 벗어나야 해요. 빼앗기만 할 게 아니라 자연과 친구가 돼야 한다는 뜻이에요.

인도의 성인 간디(Mohandas Gandhi, 1869-1948)는 "세계를 변화시키려면 자기가 먼저 변해야 한다."라고 말했어요.

인류학자였던 마거릿 미드(Margaret Mead, 1901-1978)도 감동적인 말을 남겼어요. "사려 깊고 헌신적인 소수의 사람이 세상을 바꿀 수 있음을 의심하지 마세요."

모든 사람이 인간과 지구가 처한 현실에 공감하여 이기적인 태도를 버리고 한마음 한뜻으로 뭉친다면 아름답고 살기 좋은 세상을 만드는 것도 결코 꿈이 아니에요.

독일은 신선한 공기와 정돈된 도시, 그리고 무엇보다도 아름다운 자연 경관으로 유명해서 여행자들이 많이 찾는 나라예요. 독일의 수려한 경관은 물론 자연이 준 선물이기도 하지만 독일인들의 철저한 환경보호의식이 없었다면 아마 지금의 모습을 보기 어려웠을지도 몰라요.

독일인들은 모든 사람이 환경 보호를 실천해야 한다고 생각해요. 쓰레기 분리수거부터 쇼핑, 음식부터 가구에 이르기까지 독일인들의 생

활의 중심은 바로 '환경 보호'
예요. 독일에서는 가정 안에서
일어나는 작은 일에서부터 환
경 보호 교육을 시작해요.

　우리의 미래는 우리가 선택
한 삶의 방식과 소비 방식에 따
라 결정돼요. 그런데 이미 오래
전부터 인간은 낭비와 향락, 사
치에 익숙해져 버렸어요.

　그러나 다행히 변화의 바람
이 불기 시작했어요. 20세기
말, 미국에서 시작된 '소박한
삶'이 전 세계의 주목을 받았

환경을 보호하는
것은 사실 우리 자
신을 보호하는 일
이에요.

어요. 사람들은 점점 더 문화, 교육, 과학, 예술, 운동, 환경 보호와 같
은 정신적 가치에 빠져들었어요. 의식주와 관련된 것에 있어서는 더 자
발적으로 소박한 삶을 실천하려 했어요. 이런 '자발적인 소박한 삶으
로의 회귀'는 이미 미국을 넘어 유럽과 호주, 캐나다 등 선진국에서 크
게 유행하고 있어요.

　과학기술을 잘못 이용하는 것은 환경오염을 일으키는 주범이에요
하지만 위기 앞에서 해결사 역할을 톡톡히 하는 것도 과학기술이에요.
과거에 페스트, 천연두, 콜레라 같은 전염병이 유행하여 수많은 사람
들이 목숨을 잃던 시절이 있었어요. 1370년대 유럽을 휩쓴 페스트는
당시 유럽 인구의 25%를 죽음으로 몰고 갔어요. 그러나 현미경, 미생

물, 천연두 백신, 항생제가 발명되면서 인류는 기세등등하던 전염병들을 하나하나 정복해 갔어요. 그러면서 인류문명은 한 단계 도약할 수 있었답니다.

마찬가지로 지금 세계는 인구폭발, 자원부족, 대기오염 등의 과제를 과학기술을 통해 해결할 수 있기를 바라고 있어요.

일찍이 2000년 전, 노자는 '천인합일天人合一'을 주장했어요. 지금 우리는 옛 사람들은 상상도 할 수 없는 자연의 보복에 고통 받고 있어요. 그러므로 현대인이야말로 자연과 인간이 조화롭게 어울려 지내는 법을 배워야 해요. 인류의 미래는 우리 모두의 손에 달려 있어요. 결코 아름다운 지구를 까마득한 옛날의 추억이 되게 해서는 안돼요. 우리 모두 힘을 합쳐 더 아름다운 세상을 만들어가요.

중국 선인들이 동경하던 천인합일의 경지-2

인간과
사회

자연은 지구상 모든 생물의 서식처이고 사회는 인간만이 가진 공동체
예요. 인간이 탄생하던 순간부터 화와 복, 죄와 벌, 선과 악은 사회와
함께 해 왔어요. 또한 자연 정복부터 과학기술 정복까지 모든 인간의
활동은 사회 안에서 이루어졌어요. 그럼 아래의 예를 통해 인간의 발전
과 사회의 발전이 얼마나 끈끈한 사이인지 알아볼까요?

아프리카는 풍부한 광물자원과 원시의 신비를 간직한 대자연, 황금
등을 갖고 있으면서도 '빈곤'과 '낙후'의 대명사로 불리고 있어요. 왜
일까요?

최근 10년 동안, 대부분의 아프리카 국가에서 끊임없이 전쟁이 일어
났어요. 그리고 이 전쟁에서 200만 명 이상이 목숨을 잃었어요. 바로
이 그치지 않는 충돌과 전쟁, 인구폭발과 자연재해가 아프리카 경제를
침체의 늪에서 벗어나지 못하게 만들고 있어요.

대부분의 아프리카 국가 사람들이 하루 평균 채 1달러가 안 되는 수입으로 살아가고 있어요. 1달러 미만이라면 어느 정도의 값어치가 있나요? 1달러면 미국 대도시의 패스트푸드점에서 파는 햄버거 하나를 살 수 있어요. 아니면 유럽에서 음료수 하나를 사거나 초콜릿 바 하나를 살 수 있는 돈이지요. 그렇지만 대부분의 아프리카인들은 하루에 1달러도 안 되는 돈으로 세끼를 해결하고 있어요.

너무나도 가난한 사람과 반대로 너무나도 부유한 사람이 보여요. 심각한 빈부격차는 사람들의 생명에도 큰 영향을 미치고 있어요.

이렇게 가난이 심각한 탓에 수많은 문제들이 나타났어요. 가장 심각한 문제는 먹을 것이 부족하다는 것이었어요. 곡물의 경우를 예로 들어 볼게요. 세계식량기구가 2000년에 발표한 자료에 따르면 선진국 국민들은 1인당 매년 600kg의 곡물을 소비하고 있어요. 그런데 이들 곡물은 주로 가축의 사료로 이용되고 있어요. 그런데 빈곤국가의 경우, 매년 1인당 소비하는 곡물이 겨우 200kg이었어요. 수억 명에 달하는 아프리카 사람들이 굶주림과 그와 관련된 질병으로 죽어가고 있어요. 더 가슴 아픈 현실은 대부분의 아이들이 영양결핍과 굶주림으로 성인이 되기도 전에 죽는다는 사실이에요.

질병은 아프리카의 발목을 잡는 또 다른 사회문제예요. 통계에 따르면 현재 전 세계에는 약 4000만 명의 에이즈 환자와 에이즈 감염자가 있고 그들 중 2800만 명이 아프리카 사하라 사막 이남 지역에 거주하

부자는 최신식 스
포츠카를 타고 경
주에 나섰는데 가
난한 사람은 맨발
인 채로 출발선 위
에 서있어요. 이것
도 시합이라고 할
수 있나요? 과연 공
평한 시합인가요?

고 있어요. 그러나 경제적 어려움 때문에 에이즈에 대한 교육, 예방, 치
료, 연구가 상당히 부족한 실정이에요. 그래서 이들에게 에이즈 감염은
곧 죽음을 의미해요. 에이즈는 이미 사하라 사막 이남 지역 아프리카인
들을 죽음에 이르게 하는 가장 주된 원인이 되었어요. 원래 이들 지역
사람들의 평균수명은 62세였으나 에이즈로 인해 47세로 줄어들었어
요. 이런 여러 가지 요인들은 사람들을 절망시키고 사회를 불안하게 만
들고 있어요. 그러다보면 테러와 전쟁이 일어날 수 있어요. 만약 아프
리카의 위기가 점점 더 확산되면 전 세계를 위기에 빠뜨릴 수 있어요.

그럼 이런 열악한 사회 환경에서 살고 있는 사람들의 미래는 어떨까
요? 아프리카 남부에 위치한 잠비아는 매우 가난한 나라예요. 오로지

농업에 의존하고 있는 개발도상국으로서 주로 옥수수를 경작해요. 그러나 잠비아는 인구 성장을 효과적으로 통제하지 못했어요. 그래서 추장 중에는 수많은 아내와 수십 명의 자녀를 둔 사람도 있어요. 국민들 대부분이 찢어지게 가난해서 하루에 고작 한 끼 식사로 살아가고 있어요.

잠비아 사람들은 여름을 가장 좋아해요. 주렁주렁 열린 망고를 따 먹을 수 있어 허기를 채울 수 있거든요. 보통 외출할 때는 신발을 신지 않다가 주말에 교회에 갈 때만 신어요. 잠비아 사람들의 교통수단은 튼튼한 두 다리예요. 자전거라도 있으면 꽤 잘사는 편이지요. 전쟁으로 부모를 잃은 수많은 아이들은 다 떨어진 옷을 입고 신발도 신지 않은 채 거리를 방황해요. 사정이 이렇다보니 학교에서 교육을 받는 것은 꿈도 못 꿀 일이에요. 잠비아에는 대학이 단 두 개인데 그나마도 돈 많은 집안 자녀들만 다닐 수 있어요.

가난 속에서 몸부림치는 잠비아 사람들에 비하면 미국인들은 천국에 살고 있다고 할 수 있어요. 지난 10년 동안 미국인들의 1인당 소득은 3만 9천 달러에서 4만 2천 달러로 증가했어요. 미국의 경제가 발전하면서 국민들도 의식주 걱정 없이 풍요로운 삶을 누리게 되었어요. 그러다보니 미국인들은 날이 갈수록 대중교통이 아닌 자신의 차를 선호하게 되었어요. 그 결과, 대부분의 미국 가정은 한 대 이상의 자동차를 가지고 있어요.

미국 국민들은 모두 '교육받을 권리'를 보장받고 있어요. 그러므로 각자가 원하는 곳에서 최고의 교육을 받을 수 있어요. 미국 대부분의 주에서는 10년제 의무교육제도를 시행하고 있어요. 또한 전국적으로 약 2000여 개의 대학과 대학원이 있어요. 현재 25세 이상 미국인 중 4

분의 1 이상이 학사 이상의 학력을 가지고 있어요.

잠비아와 미국의 어마어마한 차이를 통해 한 가지 사실을 알 수 있어요. 바로 인간과 사회는 함께 발전한다는 사실이에요. 인간의 활동으로 만들어진 것이 사회이지만 사회가 다시 인간을 만들어 내지요.

또 다른 예를 들어 볼게요. 2차 대전이 끝난 직후 일본은 그야말로 아무것도 없는 폐허에 불과했어요. 그러나 반세기도 지나지 않아 일본은 세계적인 경제 대국이자 과학기술강국으로 거듭나 당당하게 선진국 대열에 합류했어요. 도대체 어떻게 그렇게 빨리 발전할 수 있었던 걸까요?

2차 대전에서 패망한 일본은 강력한 미국문화에 주목했어요. 그래서 자존심 따위는 버리고 미국을 배우고 교육을 진흥시키는 데 모든 힘을 쏟았어요. 1970년대에 이르자 일본의 중등교육 보급률은 이미 미국을 넘어섰어요. 일본의 학교들은 규율이 매우 엄격했어요. 게다가 학생들은 근면성실하고 전공에 대해 해박한 지식을 갖추고 있었어요. 이 모든 것은 일본 기업들이 바라는 조건에 딱 들어맞았어요. 일본 사람들은 외래문화에 개방적인 태도를 취하면서도 그대로 따라하지는 않았어요. 그들은 쉬지 않고 새로운 것을 추구하며 세계의 트렌드를 배웠어요. 뿐만 아니라 시장에 맞는 새로운 기술을 개발하기 위해 밤을 새워가며 연구했지요.

일본 사람들은 예로부터 끈끈한 단체의식을 가지고 있었어요. 2차 대전 이후 일본기업들은 평생고용제를 실시했어요. 사람들은 회사를 삶의 안식처이자 원동력으로 생각했어요. 직원들은 애사심을 가지고 근면성실하게 일했고 회사 역시 그에 대한 보답으로 직원들에게 많은 혜택을 주었어요. 또한 일본 기업가들은 이윤보다는 회사를 키워 사회에 보답하는 데 힘썼어요.

일본이 짧은 시간 내에 빨리 일어설 수 있었던 원동력은 한두 가지가 아니에요. 그렇지만 그 중에서도 결코 빼놓을 수 없는 요소들이 있어요. 바로 일본 국민들의 근면성실함, 혁신을 두려워하지 않는 성품, 선진 문물에 대한 개방적 태도, 끈끈한 단결정신이에요. 한마디로 일본 사람들의 지혜와 힘이 전후 일본 경제의 눈부신 성장을 이끌었다고 할 수 있어요.

인간이 끊임없이 새로운 것을 만들어낸 결과 사회가 발전할 수 있었던 것처럼 인간도 사회가 발전한 덕에 한 단계 더 나아갈 수 있었어요.

인간의 창조능력은 끝이 없어요. 일본이 초고속 발전을 이룰 수 있었던 것은 일본인들의 근면성실함과 단결정신 덕분이었어요.

다시 말해 인간과 사회는 서로를 성장시키는 힘이었어요.

20세기 미국 경제의 성장과 더불어 미국문화는 빠르게 다른 나라 안으로 파고들었어요. 미국을 상징하는 미국의 소리(Voice of America), 할리우드 영화, 팝뮤직 등이 전 세계 곳곳에 미국 문화를 전파했어요.

그러나 미국문화는 폭력성이 너무 지나쳐요. 미국의 인터내셔널 해럴드 트리뷴에 따르면 미국 청소년들은 성인이 되기 전 매체를 통해 4만 건의 살인 장면과 20만 건의 폭력 장면을 본다고 해요. 영화에서도 살인 사건을 소재로 다루는 경우가 허다해요. 총탄이 날아다니고 피가 튀는 장면을 보고 자란 청소년들은 폭력에 무감각해지고 힘으로 모든 것을 '해결'할 수 있다고 생각하게 돼요.

2001년 3월 5일, 미국 캘리포니아 산타나고등학교에서 끔찍한 살인

사건이 일어났어요. 겨우 15살밖에 되지 않은 한 고등학생이 친구들을 향해 총을 마구 발사해 2명이 죽고 13명이나 다쳤어요. 1999년 콜로라도 콜롬바인 고등학교에서도 한 고등학생이 친구들을 총으로 쏘아 죽인 사건이 발생했었어요. 그 후 2년 만에 발생한 역사상 최악의 학교 총기

미국 문화는 폭력성향이 지나치게 강해요. 교사를 총으로 위협하면서 성적을 고쳐달라고 요구하는 어린이를 보고 있자면 미국의 미래가 몹시 걱정스러워요.

사고에 미국 사회는 충격을 감추지 못했어요. 이 사건의 영향으로 미국 각지에서 폭력문화를 몰아내야한다는 목소리가 터져 나왔어요.

사회 안에서 건강한 인격체로 성장하려면 무엇이 필요할까요? 우선 깨끗하고 건강한 자연환경이 있어야겠지요. 그러나 그보다 더 중요한 것은 건전하고 수준 높은 사회 환경이에요. 잠비아의 예를 보면 사회가 발전하는 데 가장 중요한 것은 경제라는 사실을 알 수 있어요. 경제가 뒷받침되어야만 정치, 문화, 교육, 보건도 발전할 수 있어요. 경제가 발전하지 못한 상태에서 다른 것부터 발전시키자고 하는 것은 그야말로 말도 안 되는 소리예요. 그러므로 인간과 사회의 발전에 있어 가장 중요한 요소를 꼽으라면 바로 경제예요.

하지만 미국 폭력문화가 빚은 끔찍한 결과는 또 다른 중요한 요소가 있음을 말해줘요. 바로 문화, 사상 그리고 교육이에요. 아무리 경제적으로 잘 사는 사회라고 하더라도 저질 문화가 판친다면 인간의 자유를 실현할 수 없어요. 이것은 미국 사회의 폭력이 불러온 비극을 통해 충분히 짐작할 수 있어요. 사회의 문화 수준이 낮더라도 인간은 발전할 수 있을까요? 절대로 불가능해요. 오히려 생명을 위협받고 사회는 혼란에 빠질 거예요. 오로지 물질만을 추구하고 도덕과 정신의 가치는 내팽개쳐둔다면 인간의 본성은 결코 자유롭게 발전할 수 없어요.

사회는 다수의 구성원이 모여 이루어져요. 한 사회의 힘은 1+1=2와 같은 수학공식으로는 알 수 없어요. 사회에 따라 2보다 클 수도 있고 작을 수도 있거든요. 그것은 사회가 얼마나 합리적인지에 달려있어요.

사회 구성원들을 젓가락 한 짝이나 종이 한 장이라고 생각해봐요. 외부의 침입에 쉽게 부러지고 찢기겠지요. 그러나 사람들이 뜻을 모아

고갱의 〈이아 오라나 마리아〉. 그림 속 인간들의 관계는 순박하고 진실해요. 사람들은 자신을 사랑하듯 타인을 사랑하고 있어요.

단결한다면 마치 젓가락 묶음이나 책처럼 단단하고 강력해져요. 그렇게 되면 아무리 강한 충격을 줘도 부러지거나 찢어지지 않아요.

사람이 살아가는 도리도 이와 같아요. 사람은 살아가면서 타인과 어울려 살아야 해요. 그리고 타인을 위해 기꺼이 도움의 손길을 내밀어야 해요. 그렇게 하면 다른 사람을 도울 수 있을 뿐만 아니라 자기 자신도 도울 수 있어요. 만약 모두가 이런 마음이라면 그 사회는 1+1>2의 힘을 발휘할 수 있어요.

이와 반대로 뭐든지 이기적으로 생각하고 자기 입장만 고집한다면 우리 사회는 홉스가 말한 '만인의 만인에 대한 투쟁' 상태에 놓이게 돼요. 그로 인한 결과는 안 봐도 훤히 알 수 있어요. 개인은 물론 사회도 무사하지 못하겠지요. 이것이 바로 1+1<2 의 의미예요.

그러므로 사람은 자연과도 잘 어울려야 하지만 다른 사회구성원들과도 조화를 이루며 살아야 해요. 오직 건강하고 조화로운 사회관계 속에서만 인간은 사회를 통제하고 자유를 실현할 수 있거든요.

인간과 자아

드넓은 우주에 비하면 인간은 바다 속 물방울에 지나지 않고 기나 긴 역사에 비하면 인간은 하늘을 가르는 유성에 불과해요. 그러나 인간에게 있어 그 자신은 다른 무엇과도 비교할 수 없는 오직 하나뿐인 존재예요.

어떤 사람은 인생은 어둠속을 걷는 것과 같다고 했고 또 어떤 사람은 사고하지 않는 인생은 의미가 없다고도 했어요. 인간의 일생은 영혼 위에 시간을 새기는 것과 같다고 말한 사람도 있어요. 인생을 보는 입장은 각기 다르지만 인간을 독립된 하나의 주체로 보고 있다는 점은 같아요.

대자연을 들여다보면 웅장한 기세를 뽐내는 산맥이 구불구불 이어져있고 강물은 굽이쳐 흐르며 동물들이 무리를 이루고 있어요. 사회에서는 인간들이 떼 지어 몰려다니면서 서로 사랑하고 다투기도 하지요.

시끌벅적한 소란이 끊이질 않지만 따스한 정이 곳곳에서 느껴져요. 하지만 영혼의 세계는 오로지 한 사람에게만 속한 영역이에요.

영혼은 형체도 무게도 없지만 하늘보다도 넓고 바다보다도 깊어 끝을 알 수 없어요. 사람의 생각은 어둠 속에서 춤추는 사람 같아요. 뛰어오르기도 하고 빙빙 돌기도 해요. 어떤 때는 어스름한 동굴로 날아갔다가 다시 고요한 호수 위에 떠 있기도 해요. 또 어떤 때는 이리저리 흩날리는 버드나무 가지도 되었다가 넘실거리는 파도와 함께 춤을 추기도 하지요.

정신세계는 바로 두 눈이에요. 두 눈을 크게 뜨면 자연과 사회에 있는 온갖 것들이 부호화 돼 머릿속에 저장돼요. 정신세계는 일종의 무대라고도 할 수 있어요. 죽을 때까지 인생의 희로애락을 공연하지요. 또 다른 면에서 보면 인간에게 달린 엔진이기도 해요. 언제나 사람에게 활력을 불어넣어주니까요.

그렇다면 넓디넓은 정신세계에서 가장 높은 존재는 누구일까요?

바로 보이지 않는 정신적 존재인 '나'예요. 나는 수많은 사고들을 이끌고 자연, 사회, 인간 자신에 대한 신비한 비밀들을 탐구해요. 또한 감정기복을 다스리고 생각을 행동에 옮길 수 있는 의지를 북돋아 주지요. 모든 사람의 마음에는 정신세계가 있어요. 그리고 모든 정신세계에는 '나'라는 정신적 존재가 있어 마음의 모든 활동을 관리해요.

그렇기 때문에 세상에는 이렇게 다채로운 영혼세계가 존재하는 것이고 사람들은 서로 아주 다른 삶을 사는 것이에요. 똑똑하고 유능한 사람이 있는 반면 아둔하고 미련한 사람도 있지요. 착하고 부드러운 사람이 있는 반면 악독하고 화를 잘 내는 사람도 있어요. 행복한 삶을 사는 사람도 있지만 불행하게 사는 사람도 있어요.

전 세계에는 수십억 명의 사람들이 살고 있어요. 눈 덮인 남극이든 뜨거운 태양이 내리쬐는 아프리카든 지구상에 사

그림 속 사람들의 눈빛을 보면 그들이 무엇을 생각하는지 알 수 있어요.

람의 발길이 닿지 않은 곳이 없을 정도예요.

그러나 세상에 똑같이 생긴 나뭇잎이 없듯이 똑같은 사람도 존재하지 않아요. 사실 생김새나 본성만 놓고 보자면 사람 사이에 그렇게 큰 차이는 없어요. 그렇다면 어째서 어떤 사람은 자기가 하고 싶은 것을 하면서 꿈을 실현하는데 어떤 사람들은 목적 없이 되는대로 살아가는 것일까요? 거기에는 자연과 사회 같은 외부 요인 말고도 정신세계의 '자아'가 결정적 영향을 미쳤어요.

그렇다면 '자아'란 무엇인가요? 정신세계의 높은 곳에 살던 '나'라는 존재가 어느 날 밑으로 내려와 자기 자신을 이리저리 관찰하면서부터 영혼은 자연스럽게 '자아' 의식을 가지게 돼요. 자아는 일종의 정신적 존재예요. 스스로를 반성하거나 격려할 때, 자신의 앞날을 그려볼 때 우리는 '자아'의 존재를 느낄 수 있어요. 평상시 말할 때 쓰는 '나'라는 일인칭 대명사는 외부의 나와 내부의 나를 합친 말이에요. '자아'는 그 중 내부의 나를 일컫는답니다.

생명이 끝이 있는 것처럼 삶도 끝이 있어요. 생명이 남아 있는 한 사람들은 아름다운 장밋빛 미래를 꿈꾸지요. 어느 누가 미래에 불행해지길 바라겠어요? 어느 누가 자신의 잠재력을 충분히 발휘하고 싶지 않겠어요? 그렇지만 모든 사람의 꿈이 다 이루어지는 것은 아니랍니다.

이것은 1991년 11월 1일 오후에 실제로 있었던 일이에요. 사건은 미국 아이오와대학교에서 열린 천체 물리 학술대회에서 발생했어요.

생명은 끝이 있지만 욕심은 끝이 없지요. 꿈을 이룬 사람은 극소수에 불과해요.

루강盧剛이라는 청년은 권총을 빼들었어요. 그리고 자신의 박사과정 지도교수였던 47세의 괴르츠(Christoph K. Goertz) 교수를 쏘았어요. 뒤이어 그는 다른 교수에게도 두 발을 발사한 다음 냉정하게 다음 희생자를 향해 총구를 겨눴어요. 그 사람은 바로 루강이 오래 전부터 질투하고 증오하던 산린화山林華였어요. 루강은 산린화의 가슴을 향해 여러 번 방아쇠를 당겼어요. 치명적인 총상을 입은 산린화는 소리 한번 못 지르고 그 자리에서 죽었어요. 이미 이성을 잃은 루강은 학과장과 부총장마저 살해한 다음 자신도 자살했어요.

범인 루강은 28살의 젊은 물리학도였어요. 북경대학 물리학과 우등생이었던 루강은 중국정부 장학생 자격으로 미국 아이오와 대학으로 유학을 갔어요. 그는 집안의 유일한 아들인데다가 공부까지 잘했어요. 그러다보니 가족의 맹목적인 사랑 속에 좌절과 어려움을 모르고 자랐어요.

이런 가정에서 자란 루강은 오만불손하고 괴팍하기 짝이 없었으며 다른 사람은 안중에도 없었어요. 친구들의 말에 따르면 루강은 언제나 사람을 무시하고 스스로 '물리학 천재'라고 잘난 체하며 다른 사람을 놀리고 흉보는 재미로 사는 사람이었어요. 그가 다른 사람의 감정은 전혀 개의치 않는 성격이었다는 것을 보여주는 일화가 있어요.

한번은 루강이 다른 사람과 같은 방을 쓴 적이 있는데 더위를 참지 못한 루강은 밤새도록 냉장고 문을 열어 놓고 잤어요. 룸메이트가 냉장고에 넣어둔 음식이 상하든 말든 전혀 신경 쓰지 않았던 거예요.

모든 사람은 외부의
나와 내부의 나가
합쳐진 존재예요.

시간이 흐르면서 미국 아이오와에서 유학하던 중국인이라면 누구나 루강이 이기적이고 오만한 성격의 소유자임을 알게 되었어요. 당연히 그 누구도 루강과 사귀려 하지 않았어요.

반면에 산린화는 잘난 맛에 살던 루강에게 인생의 쓴맛을 보여준 사람이었어요. 사건 당시 27살이었던 산린화는 루강의 같은 과 후배였어요. 그는 절강성에서 가난한 농민의 아들로 태어났어요. 산린화는 근면성실하고 학구열에 불타는 학생이었으며 연구업적도 탁월했어요. 게다가 다정하고 너그러워 미국인 교수는 물론이고 모든 중국 유학생들이 그를 좋아했어요. 언제나 기고만장하던 루강은 사람들이 자기보다 못하다고 생각되는 산린화에게 관심을 쏟자 몹시 못마땅했어요.

그러던 차에 지도교수가 루강보다 2년이나 늦게 미국에 온 산린화에게 반년이나 앞서 박사학위를 수여하게 되었어요. 루강은 엄청난 충격을 받았어요. 게다가 자기가 아니면 받을 사람이 없다고 철석같이 믿었던 최고 논문상도 산린화가 받게 되자 루강의 자존심은 치유할 수 없는 상처를 입었어요. 그래서 루강은 극단적인 방법으로 문제를 '해결'하게 된 거예요.

사람은 외부의 나와 내부의 나로 이루어졌어요. 인간의 발전 역시 외부의 나와 내부의 나가 조화롭게 발전해야 가능해요. 우리는 자라면서 계속해서 자아를 인식하고 평가하고 설계하고 실현해요.

서하객

전통적인 서양 유화
예요. 아름다운 삶
의 모습을 엿볼 수
있어요.

물론 자신의 기호에 따라 미래의 외모, 재능, 성격 등을 설계할 수 있지
만 그 과정에서 중요한 두 가지를 간과해서는 안돼요.

하나는 자아가 바라는 이상의 실현가능성이고 또 하나는 자아와 사
회 사이에 발생할 수 있는 충돌이에요.

만약 자아에 대해 현실에서 벗어난 평가를 내리고 지나친 기대를 한
다면 결국은 실망감으로 자아를 해치게 돼요. 또한 다른 사람은 무시한
채 자기 중심적으로만 자아를 설계하면 자신뿐만 아니라 남도 해치게
돼요.

역사를 보면 더 나은 자아를 개발하고 그것을 완성해야 성공할 수
있다는 사실을 알 수 있어요. 인간은 끊임없이 사회와 자신을 알아가면
서 새로운 자아상을 찾아야 해요. 물론 수많은 어려움에 부딪히겠지
요. 하지만 굳은 의지로 어려움을 극복하면 결국 내부의 자아와 사회적

요구가 완벽하게 일치하는 환희의 순간을 맞이하게 돼요. 예를 통해 알아봐요.

'천하에 다시없을 기인'인 서하객(徐霞客, 1586-1641)은 중국 명나라의 위대한 지리학자이자 여행가였어요. 어려서부터 역사와 지리, 모험을 좋아했던 서하객은 벼슬에는 조금도 관심이 없었어요. 그의 관심은 오로지 조국산천을 누비며 자신의 가치를 실현하는 것이었어요. 22세가 되던 해에 서하객은 드디어 긴 여행길에 올랐어요. 서하객이 가진 것은 뜨거운 열정과 굳건한 의지뿐이었어요. 하지만 그는 상상도 못할 어려운 고비를 여러 차례 넘기면서도 꼬박 33년 동안 자연을 벗 삼아 지팡이 하나에 의지해 전국 방방곡곡을 돌아다녔어요.

낮에는 험준하기 이를 데 없는 두메 이곳저곳을 누비고 밤에는 낮에 보고들은 것을 기록했어요. 여행의 피로로 힘들어 하면서도 하루도 기록을 빼놓지 않았어요. 심지어 하늘을 이불 삼아 땅바닥에서 자야할 때도 붓을 들어 그날의 일과를 기록했어요.

그렇게 서하객은 33년을 하루같이 발바닥이 부르트도록 천하를 누빈 덕에 동서고금을 통틀어 최고의 기행문집이라는 《서하객유기徐霞客遊記》를 남길 수 있었어요.

이 책은 중국 현대 지표학 연구에 많은 도움을 주었으며 고고학과 지리학에도 중요한 참고 문헌으로 이용되었어요. 예를 하나 더 들어 볼게요.

저명한 벼 재배 전문가인 위엔롱핑袁隆平박사는 여섯 살 때부터 아버지를 따라 들판을 누볐어요. 그는 대지에서 자라난 붉은 복숭아와 푸른 청포도를 보며 성장했어요. 그러면서 자기도 모르는 사이 대지를 마음 깊이 사랑하게 되었어요. 1959년부터 1961년 사이 역사상 보기 드문 자연재해가 중국을 덮쳤어요. 그때 위엔롱핑은 조국 강천을 휩쓴 자연재해를 직접 겪었어요.

자연재해가 할퀴고 지나간 자리에 남은 것이라고는 굶주림에 허덕이는 사람들뿐이었어요. 이것을 본 위엔롱핑은 드디어 자신이 가야 할 길을 발견했어요. 그것은 바로 중국인들을 굶주림에서 벗어나게 하는 것이었어요. 이때부터 위엔롱핑은 오로지 이 목표를 실현하기 위해 살았어요. 그는 생산성이 높은 벼 품종을 개발하기 위해 밤낮을 가리지 않고 연구했어요.

한 번은 기자와 인터뷰를 하던 중에 이런 말을 했어요.

"젊었을 때 아주 멋진 꿈을 꾼 적이 있어요. 우리가 심는 벼가 수수처럼 높이 자라고 벼 이삭이 빗자루처럼 길게 늘어지고 낟알이 땅콩처럼 커져서 동료들과 벼 이삭 그늘에 누워 쉬는 그런 꿈이요."

그가 개발한 새로운 품종의 벼인 '동방마도東方魔稻'는 이미 중국인들의 굶주림을 해결하는 데 큰 도움이 되었어요. 그는 개인의 꿈을 이루었을 뿐만 아니라 사회에도 많은 혜택을 가져다주었어요.

서하객이나 위엔롱핑처럼 많은 사람들이 자신만의 멋진 인생을 살았어요. 그들은 먼저 자아를 설계하고 그것을 실현하기 위해 학업과 일에 전념했어요. 어려움에 부딪혀도 포기하지 않고 극복하면서 결국 자아를 실현했지요. 자신의 가치를 실현하기 위해 노력하면서 그들의 자아는 즐거움과 해탈(解脫,모든 속박으로부터 벗어나 자유롭게 되는 상태)을 얻게 되었어요. 단순히 자신의 잠재력만 발휘한 것이 아니라 사회의 발전에도 기여했어요. 그 결과 더 나은 인간으로 발전하게 된 것이랍니다.